Christian Gotthel von Gutschmid

Beantwortung des Chur-Pfälzischen Widerspruchs

gegen ihre Churfürstlichen Durchlaucht zu Sachsen

Christian Gotthel von Gutschmid

Beantwortung des Chur-Pfälzischen Widerspruchs
gegen ihre Churfürstlichen Durchlaucht zu Sachsen

ISBN/EAN: 9783743692541

Hergestellt in Europa, USA, Kanada, Australien, Japan

Cover: Foto ©ninafisch / pixelio.de

Weitere Bücher finden Sie auf **www.hansebooks.com**

Beantwortung

des

Chur-Pfälzischen Widerspruchs,

gegen

Ihro Churfürstlichen Durchlaucht zu Sachsen

Rechtsbegründete Ansprüche

an die

Bayerische Allodial-Verlassenschaft

mit Beylagen.

Dresden, 1779.

In der von dem Churpfälzischen Hofe unter der Auffchrifft: Kurzer doch gründlicher Widerspruch derer, nach dem jenseits gegebenen Titel, beßtgegründeten Chur-Sächßischen Ansprüche an die Bayerische Verlaßenschafft, ohnlängst bekannt gemachten Druckschrifft, wird hauptsächlich

1) der von der verwittbeten Frau Churfürstin zu Sachsen Königl. Hoheit, bey Ihrer Vermählung ausgestellte Verzichts-Brief;

2) Die von dem Churpfälzischen Hofe mit dem Herrn Churfürsten in Bayern, in deßen letztern Lebens-Jahren, gepflogene Unterhandlung;

3) Was wegen der XIII. Millionen im Westphälischen Friedens-Schluße ausgemacht ist; Und

4) die Vermuthung pro feudo, von welcher auch das Besitz- und Innebehaltungs-Recht abhangen soll,

denen von Ihro Königl. Hoheit der verwittbeten Frau Churfürstin zu Sachsen an Ihro Churfürstl. Durchl. zu Sachsen abgetretenen Gerechtsamen entgegen gestellet.

So wenig Ihro Churfürstl. Durchl. zu Sachsen jemahls gemeint gewesen sind, an denen gegen die Lehns-Folge des Chur- und Fürstlichen Hauses Pfalz in die, durch den Abgang des Kayser-Ludovicianischen Bayerischen Mannsstammes erledigte, von gemeinschafftlichen Stamm-Vätern herrührende Mann-Lehn-Güther verschiedentlich erregten

ten Widersprüchen einigen Antheil zu nehmen: So wenig können Sie Sich entbrechen, in Ansehung des auf Sie verfälleten Allodial-Nachlaßes, den Ungrund des jener Seits, an statt gütlicher Unterhandlung, öffentlich unternommenen Widerspruchs und wie wenig vorbemeldte Vier Puncte solchen rechtfertigen können, gleichfalls öffentlich darlegen zu laßen.

Ad 1.

Von den Verzichten derer Chur- und Fürstlichen Prinzeßinnen ist überhaupt bekannt, daß in selbigen, weder auf alle Zeiten und Fälle, noch für die Mannsstämme eines jeden Anverwandten Hauses, sondern nur auf so lange als Mannsstamm in demjenigen Hause, für und gegen welches die Verzicht ausgestellet ist, renunciret, dabey auch das alte Fürstliche Herkommen ausdrücklich zum Grunde genommen, und damit schon gnugsam zu erkennen gegeben wird, daß jede Verzichtleistende Prinzeßin nicht mehr noch weniger als ermeldtes Herkommen mit sich bringt, aufgeben solle noch wolle.

Wie nun das Bayerische Herkommen aus vorhin beygebrachten *) von Ludovicianischen Prinzeßinnen an die in Ihrem Hause zur selbigen Zeit lebende, auch wohl mit Nahmen bemeldte Väter, Brüder oder Vettern, für sie und ihre leibliche Manns-Erben, absteigender Linie, ausgestellten Verzichts-Urkunden am Tage lieget; Also konnte auch bey der von Ihrer Königlichen Hoheit erfordertermaßen, und mit der gewöhnlichen Feyerlichkeit geleisteten Verzicht, die allerseitige Absicht gar nicht seyn, einige Neuerung einzuführen, am wenigsten eine solche, wodurch die ganze Ordnung der Erb-Folge abgeändert, und diese, zum eignen Schaden derer solche Verzicht respect. ausstellenden und annehmenden Theile und ihrer nächsten Erben auf einen Dritten übertragen würde.

Die

---

*) f. Chur-Sächsische Deduction Beil. Num. XVIII. XIX. XX. XXI. und darunter vornehmlich diejenige Verzichte, welche von der vermählten Pfalzgräfin Magdalena unter dem Beytritt Ihres Gemahls, mithin auf eine vom Hause Pfalz verlängst in Erfahrung gebrachte, und selbst mit gebilligte Weise, ausgestellet, und gleich allen vorhergehenden Verzichten auf den Ludovicianischen Mannsstamm, nahmentlich Ihren Vater Herzog Wilhelm, Ihren Bruder Herzog Maximilian, und Ihren Vetter Herzog Ferdinand, sammt deren Manns-Erben absteigender Linie, gerichtet ist.

Die vorhergegangene und im Eingange des Verzichts-Briefes noch=
mals vorkommende Erklärung und Certioration, daß die Verzicht aus
keinem andern Grunde, auch folglich in keiner andern Maaße, als,

vermöge der in diesem (Unserm) Chur=Hause Bayern von ur=
alten Zeiten hergebrachten Observanz,

erfordert und geleistet werde, giebt nicht allein gegen würkliche Neue=
rungen, sondern auch gegen alle Observanzwidrige Auslegung der, nach
den Sitten der Zeit sich öffters abändernden Schreib=Art eine unverletz=
liche, auf Fürstlicher Treue und Glauben beruhende Versicherung; Und
es würde daher jede wesentliche Abänderung derer vorhin gewöhnlichen
Verzichts=Formeln, wovon die renuncirende Prinzeßin noch dazu nicht
specialiter certioriret worden, als eine offenbare Uebertretung der, bey
der ganzen Handlung zum Grunde gesetzten Observanz, auf alle Fälle
nicht gültig noch verbindlich seyn.

In der That aber ist eine solche Abänderung, und insonderheit
eine Erwähnung der Pfälzischen oder Rudolphinischen Manns=Erben
in besagten Verzichts=Briefe eben so wenig als in allen vorhergehenden
anzutreffen; wie denn auch daselbst keinesweges von Agnaten überhaupt,
sondern nur von Hauß=Agnaten Meldung geschiehet, und schon mit die=
ser, nicht umsonst beygefügten Einschränkung, noch mehr aber durch die
ferner angehängte Benennung, Herzoge von Bayern, und den Zusatz:
„welchen von Rechtswegen und nach Vermöge der alten Hauß=Pakten,
„die Erbfolge vor Uns zustehet oder zustehen mag„ zu erkennen gegeben
ist, daß hier niemand anders als die Herzoge des in dem Hause Bay=
ern damals noch allein vorhanden gewesenen Wilhelminischen Stammes,
besonders der, der Succeßion in weltliche Chur= und Fürstenthümer fähige
Herzog Clemens von Bayern, samt der von Ihm sowohl als von dem
Herrn Churfürsten in Bayern, zu selbiger Zeit noch anzuhoffenden
Männlichen Nachkommenschafft gemeinet sey, und daß auch unter denen
erwehnten alten Hauß=Pacten nur diejenigen, welche das besagte Her=
zoglich=Bayerische Hauß insonderheit betreffen, und bis auf die ersten
Erb=Fälle dieses Hauses von denen Jahren 1340. et 1347. zurückge=
hen, verstanden werden können.

A 3   Glei=

Gleichergestalt wird in der am Schluße der Urkunde ausdrücklich beygefügten, und eben sowohl als die jenseits ausgezeichnete Verzichts; Stelle in Acht zu nehmenden Reservations; Clausul:

auf Abgang des Männlichen Stammes und Nahmens derer Churfürsten und Herzoge von Bayern als obstehet,

der erbliche Zutritt 2c. mit allen, sodann, nach Ordnung der Geburt competirenden Rechten, unverletzt vorbehalten; Und es bleibt dahero die ausschließende Bedeutung des oftbemeldten Herzoglich Bayerischen Hauses, Stammes und Nahmens um so mehr einleuchtend, als der sonst auch in der Bayerischen Titulatur gebräuchliche und bey einer ab; gezielten Einschließung des eigentlichen Pfälzischen Hauses vorzüglich nöthig gewesene Zusatz: und Pfalzgrafen am Rhein: bey obigen allen durchgängig, mithin gewiß nicht ohne Vorbedacht und Bedeutung, weg; gelaßen ist.

Hierzu kömmt, daß die Ehe;Pacten, worinne die Verzicht mit enthalten ist, ebenfalls nur von und mit dem zur Zeit regierenden Chur; fürsten in Bayern, als Haupte des Ludovicianischen Hauses, ohne eini; ge Theilnehmung des Rudolphinischen, errichtet und deren Ratification, nebst dem Herrn Churfürsten von Bayern, von vorbenannten Herrn Herzog Clemens zu Bayern mit unterzeichnet worden; Und es kann daher auf solche lediglich in dem Bayerischen, vom Kaiser Ludovico Bavaro abstammenden, auch zuletzt, nach Abgang der Ferdinandeischen und übrigen Nebenlinien, auf der allein überlebenden Wilhelminischen Nachkommenschafft beruhenden Hause ergangenen Verzichts; und Ehe; Vertrags;Handlungen, abseiten des Pfälzischen oder Rudolphinischen, dabey gar nicht in Erwähnung gekommenen Hauses und Stammes, sich um so weniger begründet werden, als überhaupt aus Verträgen und Urkunden, besonders aber aus denen strictissime zu erklärenden Verzich; ten sich ein mehreres nicht erweisen läßt, als in selbigen mit klaren Worten enthalten ist.

Zum Ueberfluß aber, und da gleichwohl die Frage: Wer eigent; lich unter den bemeldten Hauß;Agnaten zu verstehen sey? vor einiger Zeit bereits vorgekommen, und deshalber der Wunsch geäußert worden, daß

daß der Herr Churfürst zu Bayern, über jene von Ihnen, als Haupt
der Familie, also erforderte und angenommene Verzichts-Stelle, eine
nähere authentische Erklärung und nochmalige Certioration ertheilen,
und dadurch allen Irrungen desto sicherer und in Zeiten vorbeugen
möchten; So ist vom selbigen nicht nur mündlich declariret, sondern
auch mittelst schriftlicher (b) zu desto gewißerer Abhelfung aller künftigen Mißdeutungen Zweifel und Anstände ausgestellten Urkunde vom
2ten Januarii 1761. bestätiget worden: „Daß die von Ihrer Frau
„Schwester Maria Antonia, dermalig vermählter Chur-Prinzeßin in
„Sachsen, für sich Ihre Erben und Erbnehmen abgegebene beschworne
„Verzicht, weiter nicht als auf die von weyland Herzog Wilhelmo Vto
„herstammende Hauß-Agnaten, Herzogen von Bayern, gemeinet und
„angenommen worden, folglich auch weiters nicht sich extendiren, und
„in keiner Zeit anderergestalt geachtet werden könne, möge und solle ꝛc. ꝛc.

„Wie denn auch im Fall der vielbesagte Herzoglich-Willhelminische
„Mannsstamm völlig aussterben sollte, hochgedachter Ihrer Frau Schwe-
„ster ꝛc. der Rechtliche Zu- und Anspruch ꝛc. nach Ordnung Dero Ge-
„burt, vorbehalten seyn und bleiben, sofort Höchstselbe weiters nicht, ver-
„möge Ihrer abgegebenen und beschwornen Renunciation und zwar noch
„um so weniger gebunden seyn solle, je mehrers diese Ihre Renuncia-
„tion niemals anderergestalt gemeinet gewesen, auch anderergestalt we-
„der verlangt, noch angenommen worden, dann nach der, bey Ihrem
„Chur-Hause und vielmehr Chur-Linie, von uralten Zeiten hergebrach-
„ten Observanz und Altüblichen Herkommen; Zu welch noch mehrerer
„Gewiß- und Richtigkeit weyland Ihro Churfürstl. Durchl. die in Ih-
„rem geheimen Archive hinterlegte, von denen ausgeheyratheten Herzo-
„ginnen in Bayern, in ältern und jüngern Zeiten ausgestellte Verzichte,
„Sich vorlegen laßen, und in deren Selbstigen Einsicht und Durchle-
„sung befunden, daß all solche Verzichte nur ad hanc Lineam anbey
„auch die letztere derley Renunciationen dißfalls nach dieser gegenwärtig
„declarirten Buchstäblichen Form eingerichtet seyn.„

Daß auch eben dieselben Grundsätze nachhero noch und bis in die
neuesten Zeiten beybehalten worden, bezeuget insonderheit der von weyland

land Ihro Maj. der vermählt gewesenen Römischen Kaiserin, Josepha
Maria, am 12ten Jenner 1765. zu München vollzogene Verzichts-Brief:
Indem selbiger, letztbemeldeter auf die Hauß-Observanz gegründeter
Declaration gemäß, ausdrücklich nur auf weyland Herzogs Wilhelmi
V^{ti} absteigende Linie, als die einzige im Hause Bayern noch überlei=
bende gerichtet, auch lediglich an den regierenden Herrn Churfürsten in
Bayern ausgestellet, und von Denenselben also angenommen worden. ı

  Soferne nun Hochgedachter Churfürst die Agnaten des Hauses
bey Errichtung der Haupt-Verzichte vertreten, und statt ihrer mit ge=
handelt hat; Soferne ist das auch bey jener Nebendeclaration gesche=
hen und besagte Agnaten bleiben daher aus gleichem Grunde an beyde
Handlungen gebunden, oder sie müßten zugestehen, daß, weil sie keine
dieser Urkunden mit vollzogen oder acceptiret haben, sie auch die eine so
wenig als die andere für sich anziehen können. Wie denn überhaupt
Verzichts-Briefe und dabey gewöhnlich angefügte Reservationes, ihrem
eigentlichen Begriffe nach, niemanden ein neues Recht geben, sondern
nur dasjenige Erb-Recht, welches dem Mannsstamme des Hauses zu
deßen Vortheil renunciret wird, so lange selbiger im Leben ist, vorzüg=
lich, auf deßen Abgang aber denen überlebenden nächsten Weibes-Er=
ben, vermöge der alten Hauß-Verfaßung (c) zukommt, ausdrücklich
anerkennen, und mittelst feyerlicher zu desto sicherer Verwahrung sotha=
ner Erbfolgs-Ordnung und beyderseitigen Gerechtsame dienender Ur=
kunden, bekräfftigen, solchemnach aber auch, insonderheit in Ansehnng
der nicht von gemeinschafftlichen Stamm-Vätern herrührenden Erwer=
bungen, denen Seiten-Verwandten kein Recht geben können.

Ad 2.

Da Verträge lediglich für die paciscirenden Theile und diejenigen, de=
ren Rechte von diesen herrühren, auch nur in soferne, als dabey nicht
denen Rechten eines Dritten und denen sonst obhabenden Pflichten zu
nahe getreten wird, verbindlich sind; So können die jenseitig angezoge=

                      ne,

c) cf. I. H. BOEHMER de fundamento pactorum familiae ad fideicommissa inclinantium,
 Cap. 2. §. 10.
  I. S. PÜTTER de jure foeminarum adspirandi ad fideicommissa familiae Cap. 1. 2. 3.

ne, auf geheimen, mit dem Herrn Churfürsten von Bayern in seinen letztern Lebensjahren von dem Pfälzischen Hofe gepflogenen Unterhandlungen, beruhende Verträge von den Jahren 1766. 1771. und 1774.
gegen den Chur-Sächsischen Hof schon darum, weil sie ohne seine Zu-
ziehung und Einwilligung geschloßen werden wollen, sowohl eben deswegen, weil die vermittbete Frau Churfürstin zu Sachsen nur eine
Schwester des Bayerischer Seits pacificirenden Theils, und entfernte
Seitenverwandte des compacifcirenden Herrn Churfürsten von Pfalz
ist, und das von Ihro an Sr. Churfürstl. Durchl. zu Sachsen cedirte
Erb-Recht keinesweges von den besagten Pacifcenten, sondern von Vor-
Eltern hatte, und auf gegenwärtigen Abgang des letzten Sohnes dieser
Vor-Eltern als deren Tochter und nothwendige Erbin zur Nachfolge
gelangen mußte.

Ueberhaupt bleibt wohl ein unwiderfprechlicher Grundsatz, daß niemand durch seine Verträge denen Gerechtsamen eines Dritten etwas
entziehen kann.

Nichtweniger ist in Ansehung derer letzten Willens-Verordnungen bekannt, wie bey allen dem Vorzuge, welcher im Römischen Rechte
denen Testamenten vor der Gesetzmäßigen Intestat-Erbfolge beygeleget,
und in der jenseits zum Grunde genommenen Rechts-Regul: ubi adest
dispositio hominis, ibi cessat dispositio legis: angedeutet ist, vorausgesetzt blieb, daß der Testirer nur über sein Eigenthum, super re sua,
disponiren könne.

Zudem hat es noch eine ganz andere Bewandniß mit dem einheimischen, vermöge der Reichs-Gesetze vor andern in Acht zu nehmenden
Rechte und Herkommen, besonders aber mit der Fürstlichen Hauß- und
Succeßions-Verfaßung, nach welcher die Gesetzmäßige Erfolgs-Ord-
nung mehr als die letzten Willens-Verordnungen begünstiget, und nicht
allein durch das Herkommen, sondern auch insgemein durch ausdrückliche Verordnungen der Vor-Eltern, sowohl durch hinzugekommene Kaiserliche, in den Wahl-Capitulationen und Reichs-Grund-Gesetzen über-
haupt- öffters auch absonderlich- ertheilte Confirmationes, ja selbst durch
die obenzedachten Verzichts- und Ehe-Pacten, auf eine unumstößliche
Weise versichert, und wenn man sich nach dem gewohntern, doch ledig-

B   glich

lich auf dem eignen Innhalte derer Hauß-Verordnungen beruhenden Begriffe ausdrücken will, als ein Familien-Fideicommiß und dergestalt festgesetzet ist, daß solche Erbfolgs-Ordnung niemals anders als mit sämmtlicher, zur Zeit im Leben befindlicher Erb-Intereßenten, für sich und ihre Descendenz ertheilte Einwilligung abgeändert werden kann. Schon die ältesten einheimischen Gesetze, nichtminder die Gewohnheits-Rechte der mittlern Zeiten besagen vielfältig, daß an dem Erbguthe der Eltern, so bald es in Erbgang gekommen und nicht schon von dem ersten Acquirenten ein anderes verordnet ist, zuförderst die Söhne, nach selbigen aber unmittelbar die Töchter, und zwar mit gleich (ᵈ) nothwendigen, ohne ihre eigene Einwilligung nicht zu vergebenden Rechte, zu succediren haben; Wie denn auch von der Observanz dieses alten Rechtes die Menge Diplomata und Urkunden zeuget, worinnen die über Erbgüter getroffenen Dispositiones mit der ausdrücklichen Einwilligung derer nächsten rechtmäßigen Erben begleitet sind. Insonderheit ist der Pfalz- und Bayerische Haupt-Theilungs-Vertrag vom Jahre 1329. auf deßen eignem Innhalte die Präjudicial-Frage: Wieweit sich eigentlich die vorgegangene Theilung erstrecke? Und inwieferne den abgetheilten Stämmen die zukünftige Nachfolge vorbehalten, oder sonst einiges Recht, nach Art eines Fideicommißes, bedungen sey? hauptsächlich beruhet, im Nahmen der Söhne, als dermaliger nächster Erben, mit geschloßen, hiernächst aber in allen die zukünftige Nachfolge, nebst der genau bestimmten Einschränkung des Veräußerungs-Rechtes betreffenden Verordnungen auf die Erben insgemein gerichtet, (ᵉ) mithin offenbar

---

d) v. inpr. Bayerl. Land- und Lehn-Recht d. a. 1344 cap. 95. verb. Wäre aber, daß nicht Söhne da wären; So mögen die Töchter daßelbe Recht haben; Ohne am Lehen.

e) v. WEDEKINDI Disp. de inutili simultaneae investiturae cum pacto et providentia majorum nexu in App. No. III. woselbst insonderheit das von Bayerscher Seite ausgestellte Exemplar bekannt gemacht und nach selbigem die eigentliche Versicherung der Erbfolge also gefaßt ist: Ob wir (Kaiser Ludwig) oder unsere Kinder ohne Erben verfahren, so sollen unsere Land Leut und Herrschaft und die Wahl des Reichs auf Sie und Ihre Erben gefallen, und erben: Also sollen herwieder ꝛc. Und so wenig der unbewundene Ausdruck: Unsere Lande und Herrschafften: auf Lande und Güter die zur Zeit nicht Ihre waren, gezogen werden mag: So wenig kann man auch in Abrede stellen, daß derer Paciscenten beständige Rücksicht auf diejenigen Lande die beider Theile Vordern gehabt, und auf sie bracht haben, auch in eben der Maase als es von

---

bar nicht den Manns= und Lehns=Erben alleine, sondern auch denen Weibes= und Allodial=Erben, jeden in seiner Ordnung und auf gleich= unverbrüchliche Weise, prospiciret, anbey auch zu offtwiderholtenma= len die gegenseitige Verbindlichkeit, und daß es der andere Theil jedes= mal eben also halten soll, ausdrücklich bedungen.

Alle nachherige, von beiderseitigen Vor=Eltern errichtete Verträge enthalten nur solche Hülfs= und Vertheidigungs=Bündniße, vermöge deren sich die Paciscenten, für sich und ihre Erben, auch wohl mit Lan= den und Leuten, zur gegenseitigen Hülfsleistung verbindlich machen, und dergestalt vereinigen, (f) daß jeder Theil dem andern und deßen Erben an dem ihrigen, oder wie es insgemein heißt, an ihren dermaligen Lan= den und Gerechtsamen, schützen und ihnen diesfalls in alle Wege be= hülflich und beförderlich seyn soll; Wie das jeder aufmerksame Leser, der sich nicht durch das häufige Anführen, von Verträgen aller Art, über= raschen läßt, sondern vielmehr an die völlig, oder doch in hinlänglichen Extracten, bekannt gemachte auch nicht bloß entworfene sondern von den Paciscenten behörig vollzogene Urkunden sich zu halten bedacht ist, bey eigner Einsicht derselben wahrnehmen wird. Insonderheit wird man in dem Vertrage von 1524. die jetzt in Frage stehende Erbfolgs= Ordnung nicht mit einem Worte berühret, wohl aber durchgängig die gegenseitige Hülfsleistung, und zwar dergestalt versichert finden, daß auch dieserhalb hauptsächlich auf den Pavieschen Vertrag, und so viel die compaciscirenden Herzoge in Bayern anbetrifft, auf ihren Hauß= Vertrag (g) von 1392. sich bezogen worden.

B 2   In

---

von Ihren Vordern herkommen ist, sowohl auf die Veste und Güter, wie die genannt seyn, und alles was zu denselben Vesten und Gütern gehöret, ausdrück= lich und vielfältig zu erkennen gegeben ist.

f) Daß solche Bündniße und Hülfsverträge von Alters her Einungen, auch wenn sie mit im Namen der Erben und auf ewige Zeiten (erblich und ewiglich) geschloßen sind, Erbeinigungen genannt werden, ist eben so bekannt, als daß hiervon die Erb= folgs=Verträge und Erbverbrüderungen ganz unterschieden bleiben. Selbst das Hauß Pfalz hat mit der Crone Böhmen eine Erbeinigung im Jahr 1509. keinesweges aber eine Erbverbrüderung errichtet. vid. Lünigs Cod. Dipl. Tom. I pag. 1574 et Ej. P. spec. Archiv. Imp. pag. 43.

g) Dieser Bayerische Vertrag wird hier lediglich in Ansehung der von den compaciscl= renden Herzogen in Bayern unter sich bereits stipulirten Hülfsleistung mit angeführt,
und

In dem anderweiten Vertheidigungs-Bündniße vom Jahre 1724. mit welchem auch die neuern Freundschaffts- und Defensiv-Tracta-ten von 1746. und 1761. übereinstimmten, ist zuförderst der große, von Zeit der ersten Abtheilung Bayern und Pfalz zwischen beyden hohen Häusern entstandene Zwiespalt, Uneinigkeit und Widerwärtigkeit, als eine

und bleibt im übrigen der einzige, worinne etwas von zukünftigen Erwerbungen, und zwar in der Maase versehen ist, daß die dermalen eine anderweite Theilung der Bayerischen Lande eingehende Herzoge, Stephan der Jüngere zu Ingolstadt, Frie-drich zu Landshut und Johann zu München Ihre Lande zu Ober- und Nieder-Bayern einander Kraft dieses Briefs und mit den Worten vermachen: Ob Unser einer oder mehr von Todes wegen abgienge und nicht eheliche Söhne ließen, so sollen die andern unter Uns oder Ihre Erben das eheliche Söhne wären dersel-ben der da abgangen wäre Land und Leute Veste und Schloß, als Wir die je-zund miteinander getheilt haben, oder die Er nach der Theilung gewonnen oder in sein Gewalt bracht, gleich erben. Wie aber dieser ganze Vertrag in mindesten nicht auf den Pfälzischen Manns-Stamm gerichtet, auch, abseiten des Hauses Pfalz, überhaupt, so wenig beobachtet ist, daß selbiges vielmehr nach Abgang des Landshuter Manns-Stammes gegen die überlebenden Söhne des Herzog Johannes zu München eine weibliche Erbfolge und Theilung von wegen der Landshuter Prin-zeßin Elisabeth behauptet hat: Also bleibt ohnehin jenes ganz besondere Vermächt-niß also beschaffen, daß dadurch die sonst gewöhnliche und in allen übrigen Hauß-Verträgen beybehaltene Regel um desto mehr bestärcket wird. Zwar ist im Jahr 1559. bey Gelegenheit einiger durch Herzog Christophen von Würtemberg vermit-telten und verabschiedeten von Herzog Albrecht V. in Bayern an Churfürst Fried-chen zu Pfalz gemachten Forderungen, in Vorschlag gekommen, demnächst annoch einen Erbfolgs-Vertrag zu schließen und selbigen auf Ihre und Ihrer Erben künf-tig überkommende Güter mit zu richten. Daß aber dieser Vertrag gar nicht zu Stande gekommen, ist nicht nur aus dem noch vorhandenen, nicht einmal mit einem Dato vielweniger mit einiger Unterschrift versehenen Concepte offenbar, sondern es wird auch in dem von obermeldetem Herzoge zu Würtemberg ertheilten und vom Kaiser Ferdinand I. bestätigten Abschiede ausdrücklich bezeuget, daß zwar in der Erbeinigungs-Sache ein Concept gestellet, und beyden Partheyen Copie behin-diget, jedoch aus Mangel der Berichts nicht fürgeschritten noch das Werck end-lich abgehandelt werden mögen, sondern nur beschloßen worden, bevor Theile Räthe auf Simonis und Judae nach Stuttgard zu schicken und daselbst über die Erbeinigungsache weiter tra iren und selbige, wo möglich, vergleichen zu lassen. f. Begl. sub Lit. B. Es ist aber auch dieses anderweite Vorhaben von keinem Er-folg: gewesen, und eben deßwegen in den Verträgen von 1724. et 1746. der Erb-folge ha ber lediglich auf die Verordnungen der Rechte, und in dem Tractate von 1761. blos auf die gemeinsame Abstammung sich begründet, letzlich auch in dem Tractate von 1766. deutlich gestanden worden, daß die in den Jahren 1552. bis 1563. wegen der Erbeinigungs-Erneuerung gepflogene Unterhandlungen gleich anfänglich Unterbruch und Einhalt erlitten.

eine Reichskundige Sache und als die eigne Veranlaßung der gegenwärtigen neuen Verbindniß und Einigung vorausgesetzt, und zu künftiger
Abwendung solcher Uneinigkeit beschloßen worden, sich fördershin unzer-
trennlich beständig und getreulich zu vernehmen, und dergestalt zusam-
men zu setzen, daß beyde Häuser einander, auch jeder davon absteigender Linie Blutsverwandten, bey deßen und dermaligen Landen und Besitz rc. auch habenden oder zukommenden (das sind doch wohl die würklich zustehenden, nicht aber zukünftig erst zu erwerbende) Gerechtsamen,
mit einmüthigen Einverstehn, Rath und thätlicher Beyhülfe unabwei-
gerlich zu schützen, und nach allen Kräfften einander beyzustehen verbunden seyn sollen.

Was aber den Successions-Punct anbetrifft, so wird davon nur
beyläufig Erwähnung gethan, und mit den Worten: daß dieserhalb
beyden Häusern, als von einem gemeinsamen Stamm-Vater, Herzog
Ludwig aus Bayern, Pfalzgraf bey Rhein, herstammenden Linien und
beyderseitigen proximis Agnatis, durch die Rechte allbereits vorgesehen
sey: nichts anders zu erkennen gegeben, als daß es wegen dieses Pun-
ctes, und besonders auch wegen der Agnatischen Succeßion an Altväterlichen Stamm-Lehen, bey der rechtmäßigen Succeßions-Ordnung, wor-
auf sich auch der Paviesche Vertrag beziehet, unabänderlich verbleiben
sollen; Wie denn überhaupt in dem ganzen langwierigen Zeitpuncte,
von dem Bayerischen Stamm-Vater Kaiser Ludovico Bavaro und deß-
sen Abtheilung von 1329. an, bis auf die Zeiten des letzten Besitzers
und die jenseits angezogenen letzten Verfügungen von 1766. und folgenden Jahren, kein einziger Vertrag zwischen beiderseitigen Vor-Eltern,
errichtet ist, worinne der zukünftigen Erbfolge halber etwas neuerliches
und obigen widerstreitendes verordnet wäre.

Vielmehr sind in den Bayerischen Hauß-Verordnungen eben dieselben Grundsätze beständig beybehalten, und vornehmlich in Herzog
Alberts V. von Kaiserl. Maj. besonders confirmirten Testamente vom
Jahre 1578. sowohl in deßen Codicillen von den Jahren 1565. et 1573.
nicht allein das Succeßions-Recht der Söhne sondern auch die even-
tuale Erbfolge der Töchter in Allodialibus und an allen Güthern, de-

ren

ten die Weibes-Erben von Rechts-und Gewohnheits wegen fähig sind 2c.
nichtminder an aller fahrenden Haabe 2c. ausdrücklich und per modum
substitutionis fideicomm. lariae verordnet. Eben dieses auch in denen
fernerweiten von Herzog Wilhelm V. und Churfürst Maximilian I.
unter jedesmaliger Beziehung auf die alte Hauß-Verfaßung und nur-
besagtes Albertinisches Fideicommiß, errichteten Verordnungen vielfältig, auch in Ansehung der Rechtlichen Maaße und Ordnung, (h) nach
welcher die überlebende nächstgesipte Prinzeßin an allen vorhandenen
Erbgüthern und erblichen Landen den Vorzug behält, bestätiget worden.

So gewiß also das nach Abgang des letzten Sohnes vom Ludovicianischen und Wilhelminischen Mannsstamme, auf die verwittbete Frau
Churfürstin zu Sachsen, als des vorabgestorbenen Bayerischen Regen-
ten weyland Kaiser Carls VII allein-überlebende Tochter in Ansehung
aller, von Eltern und Vor-Eltern herrührenden Allodial-Güther, ver-
fällete, und an Jhro Churfürstl. Durchl. zu Sachsen überlaßne Erb-
Recht nicht allein in dispositione legis, sondern auch in pacto et providentia Majorum gegründet ist; So gewiß hat diesen entgegen keine anderweite Disposition, ohne Deroselben eigne Bewilligung, getroffen
werden können; Am allerwenigsten abseiten des letzten (i) Besitzers der
es in Ansehung der fernern Nachfolge, lediglich mit Seiten-Verwandten zu thun hat, und für diese kein neues Hauß- und Erbfolgs-Gesetz,
wie Vor-Eltern für ihre Descendenz und der eignen Erwerbung halber
thun mochten, errichten, sondern allenfalls nur des jeden ersten Acquirenten, über sein selbsterworbenes und freyeignes Vermögen, oder al-
sogenannte Chatoull- und Patrimonial-Güther, zukommenden juris di-
sponendi sich gebrauchen kann.

In

h) cf. SENCKENBERG Disqv. de successione filiarum in regnis et principatibus.
Ej. Disqv. ult. de jure succedendi proximioris foeminae prae remotiore.
Deductio Iuris et facti in Sachen Leiningen-Hartenburg ÷ Leiningen-Westerburg
de anno 1733.
Ohnumstößliche Rechtliche Auszüge der Herren Grafen von Leiningen-Westerburg d. 20.
1737.
Eben derselben Schlüßliche Einreden d. 20. 1739. und
PÜTTERS Auserlesene Rechts-Händel T. II. pag. 1.

i) cf. STRUV. de Allod. Imp. Imp. cap. IV. §. 82. j. §. 75.
v. KREITTMAYR ad Cod. Bav. civ. P. II. cap. V. §. 5. Num. 5. seqq.

Ju der That aber ist bey den angezogenen Tractaten de Anno
1766. 1771. et 1774. des Herrn Churfürsten von Bayern eigne Meinung nicht gewesen, d.e Rechtmäßigen Allodial-Erben auszuschließen,
oder das Erb-Recht derselben, nach jenseitiger Willühr einzuschränken;
Vielmehr (*) ist in §. 3. des Tractats de Anno 1771. das Vorhaben
des Herrn Churfürsten: den Allodial-Erbpunct, und insonderheit den
Gegenstand, wegen der neuern, zu der Lehnbaren Gattung nicht gehörigen Acquisiten () unter Beywürkung des Hauses Pfalz mit den Allodial-Erben zu schlichten, ausdrücklich erkläret, auch in §. 10. desselben
Tractats sich dahin vereiniget worden, daß die ganze Sache mit den
nächstgesipten Allodial-Erben, durch einen sonderbaren Tractat in allerseitiges Einverständniß zu bringen, und hierzu ein Theil dem andern
verhülflich seyn solle.

Da nun dieses allerseitige Einverständniß nicht erfolget ist; So
siehet man wohl, daß die ganze Unterhandlung, in Absicht auf den Al-
lodial-Erbtheil, am wenigsten gegen diejenigen, mit welchen jenes Einverständniß nicht zu Stande gebracht worden, keine Krafft und Verbindlichkeit haben können.

Wie hiernächst eben dieselben Tractaten, abseiten des Fürstlich
Zweybrückischen Hofes, insonderheit auch gegen den Allodial-Erben angeführt, und das dieserhalb an Ihro Churfürstl. Durchl. zu Sachsen
überschickte Pro Memoria von 16. Maij 1778. öffentlich bekannt gemacht
worden; Also kann man die dießeitigen, in Antwort auf sothanes Pro
Memoria zurück gegebenen Anmerkungen anbey (***) ebenfalls bekannt zu
machen um so weniger Umgang nehmen, als daselbst bereits mit meh-
rerm ausgeführet ist, daß letztgedachte, Chur- und Fürstlich-Pfälzischer
Seits angezogene Tractaten anstatt eine bloße Erneuerung der ältern
Hauß-

---

k) Beyl. sub Lit. C.
l) Eben daselbst ist auch der XIII. Millionen wegen der Ober-Pfalz gedacht, jedoch dis-
  serhalb Chur-Pfälzischer Seits protestiret worden. Wo selbst die pacificirenden Theile
  so verschiedener Meinung sind, daß der eine sogar protestirt, der andere aber die ganze
  Sache auf ein mit dem Dritten Interessenten zu treffendes Einverständniß ausschlägt,
  da ist wohl der zu jedem Vertrage wesentlich erforderliche consensus in idem placitum
  nicht vorhanden.
m) Beyl. sub Lit. D.

Hauß-Verträge zu enthalten, denen unverbrüchlichen Verordnungen der Vor-Eltern, so viel das Erb-Recht der überlebenden nächstgesipten Prinzeßin betrifft, ganz entgegen sind.

Wegen derer Paßiv-Schulden ist man darüber einverstanden, daß wie der Fall eines, die ge amte Verlassenschafft übernehmenden Universal-Erben gegenwärtig nicht vorhanden, also auch nicht alle Schulden dem einen Theile alleine zur Last zu legen; Vielmehr bey jeder Gattung der Güther diejenigen Paßiv-Schulden, die auf selbigen von Rechts-wegen hafften oder besonders verschrieben seyn, entweder von dem Werthe des Guthes abzurechnen, oder ohne einige Neuerung mit zu übernehmen sind.

Die Regel: res transit cum onere suo: bleibt allenthalben recht und billig; Und da sich gleichermaßen, in Ansehung derer Activ-Forderungen, sagen läßt: res transit cum jure suo: So sind eben deswegen diejenigen Forderungen, welche in Gerechtsamen und Zubehörungen derer unbeweglichen Güther bestehen, als Frucht- und Geld-Zinnsen, und andere dergleichen Real-Gefälle, hiesiger Seits nicht weiter, als sofer-ne sie mit den Erb-Güthern verknüpft seyn, oder zu den vorhin verfal-lenen Lehns-Nutzungen (sub tit. D. b.) gehören, in Anspruch genommen worden; Dahingegen die sub Lit. F. (n) bemerkten Activ-Schuld-For-derungen, als aus Verträgen und bloß persönlichen Verbindlichkeiten herrührend, auch lediglich in Geld-Forderungen bestehend, in jeder Rück-sicht bewegliche Güther bleiben; Und obschon die beweglichen Güther in dem dießeitigen Verzeichniße sub Num. I. Lit. D. E. et F. wie selbst die unbeweglichen Güther sub Lit. A. B. et C. in mehrere Abschnitte gebracht, und nach Erforderniß derer verschiedenen Nebenumstände auseinander gesetzt sind; So machen doch die besagten Activa, in Beziehung auf Erbgangs-Recht und Ordnung, keine besondere oder Dritte Classe der Güther aus; Denn sonst müßte auch der Dritte Erbe, dem selbige mit Ausschluß des Mobiliar- und Immobiliar-Erben zukommen sollten, besonders bestimmet seyn. Hiervon aber ist weder in den Schrifften der angezogenen Rechts-Gelehrten, noch in den Gesetzen selbst etwas anzutref-

n) Vergl. der Rechtsbegründeten Ansprüche S. 8.

anzutreffen. Uebrigens muß bey der jenseitigen Voraussetzung: daß eine Bayersche Prinzeßin Nichts als einen Theil der Mobiliarschafft, und allenfalls noch etwas an Gelde, auch dieses fast nur als eine überflüßige Gutwilligkeit zu erwarten, sowohl davon noch diejenigen Schulden, die des Landes Nutzen oder Nothwendigkeit nicht betreffen, zu vertreten habe: jedem unpartheyischen und Geschichtskundigen Leser alsofort der Zweifel beyfallen: Wie denn solchemnach das Chur und Fürstliche Hauß Pfalz die ansehnlichen, von der Bayerischen Prinzessin Elisabeth zu Landshut herrührenden Fürstenthümer, Neuburg und Sulzbach, mit Ausschluß des Bayerischen Mannsstammes, habe behaupten, sowohl von einer Pfälzischen Linie auf die andere vererben; auch dabey an PaßivSchulden nichts mehr, als die von ermeldter Prinzeßin leiblichen Vater Herzog Georgen herrührenden freyen, auf Pflegen und Aemter nicht verschriebenen, Schulden übernehmen mögen?

Nicht zu gedenken daß noch mehrere solche Fälle bekannt sind, da auch denen Pfälzischen Prinzeßinnen, sowohl der ältern (*) als der noch blühen

*) Schon im Jahre 1349. unter Churfürst Rudolphen II. der kurz vorher den Paviesischen Vertrag selbst mit errichtet hatte, wurden dem mit seiner Prinzeßin Tochter Anna vermählten Kayser und Könige in Böhmen Carl IV. unter andern auch Altväterliche und im Paviesischen Vertrag mitbegriffene Landes-Stücke, als ein Unterpfand für das verschriebene Heyrathsguth eingeräumet, und obwohl selbige im nachfolgenden Jahrhunderte gewißermaßen wieder an sich gebracht worden; So hat doch eben dieser Vorgang benebst dem fernerweit vom Churfürst und Pfalzgraf Ruprechten wider das ausdrückliche Verbot des Paviesischen Vertrags: die genannten Veste und Güter keinem Könige noch Fürsten zu versetzen: im 1353. und folgenden Jahren, unternommenen Verpfändungen und Veräußerungen, den noch gegenwärtig bestehenden nachtheiligen Böhmischen Lehns Nexum veranlaßt. v. Lünig P.Spec. Arch Imp.Cont.II.p.11. Hiernächst besaget auch Churfürst und Pfalzgraf Ruprechts Verordnung vom Jahre 1395. ausdrücklich, daß sich die Pfälzischen Töchter bey ihrer Vermählung alles Erbtheils an Fürstenthümern Landen Leuten und Zubehörungen, jedoch nur für ihren Stamm verzeihen sollen, alsdann aber wenn von ihrem, derer Disponenten Stamme keine Söhne wären, zu ihren Rechten daran stehen mögen. Lünig Part.Spec. p. 589. Nach Pfalzgraf Wolfgangs Testamente sind die Pfälzischen Lande bekanntermaßen unter Zwey Herren und dergestalt getheilet, daß

C

blühenden Sulzbachischen und Zweybrückischen Linien, (p) mit Ausschluß des Bayerschen Mannsstammes, sehr ansehnliche Erb=Güther, ja ganze Provinzen mit Landen und Leuten, theils ehedem schon überlaßen, theils noch auf künftigen Abgang derer Pfälzischen Mannsstämme, zugeschrieben, mithin die Pfalz= und Bayerischen Agnaten, keinesweges als ein gesamter, denen beyderseitigen Prinzeßinnen, in Ansehung aller Besizungen, vorgehender Mannsstamm behandelt worden; da doch überhaupt eine Gesammt=Hauß=Verfaßung nur in soferne für beständig hergebracht gelten kann, als selbige auf beyden Seiten jederzeit gleichförmig beobachtet ist.

Ad 3.

Wegen der XIII. Millionen bezeugen nicht allein die Acta pacis Westphalicae, sondern auch andere, vom Churfürst Maximilian deshalb vorhandene Erklärungen und Verordnungen, wie von ermeldtem Churfürsten auf der für Sich und Seine Allodial=Erben bedungenen Wieder=Erstattung unabwendig bestanden, und eben deswegen im Friedenschluße sich dahin vereiniget worden, daß zu Vergütung sothaner, an sich für richtig und billig erkannten Forderung, die Ober=Pfalz zuförderst dem Wilhelminischen Mannsstamme völlig, und wie hactenus, (das ist unter

---

daß jede Linie, auch in Ansehung der weiblichen Erbfolge, ihre besondere Verfaßung hat.

p) Beyl. sub Lit. F. Das Erbe, welches neuerer Zeit denen Pfälzischen Prinzeßinnen mit Ausschluß des Bayerschen Manns=Stammes, und zum Theil sogar mit Nachsezung des Pfalz=Zweybrückischen Manns=Stammes zugesichert ist, bestehet hauptsächlich in des Hauses neuerlich, und außerhalb des Pavieschen Vertrags an sich gebrachten und wegen des von Pfälzischen Müttern hergeleiteten Anspruchs für erblich gehaltenen Landen und Besizungen. Nimmt man hierzu, daß die neuerworbenen Lehen, insonderheit die Fürstenthümer Zweybrücken und Simmern, ingleichen die Reichs=Pfandschaften, welche Churfürst Philipp beym Kaiser Maximilian I. auswürkte, lediglich für die Pfälzischen Söhne und deren männliche Leibes=Erben zu Lehen genommen sind, v. Lünig P. I. Corp. Jur. feud. pag. 667. et 679. Ei. P. Spec. Arch. Imp. pag. 634. So liegt auch daher am Tage, daß die jüngsten Tractaten, nach welchen man Chur=Pfälzischer
Seits

ter dem bisherigen Kaufs-Titel) so auch inposterum überlaßen bleiben, sowohl auf Abgang des besagten Mannsstammes, nicht anders, als unter dem, für die Bayerischen Allodial-Erben beygefügten Vorbe-halte, an Palatinos superstites zurückkommen; Dagegen aber Bayeri-scher Seits der Schuld-Forderung (d-bito XIII. Millionum) gänzlich entsaget, und die darüber (deluper) erhaltene Instrumenta an Kaiser-liche Majestät zur Cassation extradirt werden sollen; Wie denn auch würklich nur diese Schuld-Verschreibungen, keinesweges aber der Kauf-Brief vom Jahre 1628. abgegeben und caßiret worden, mithin um destoweniger Zweifel bleibt, daß die Eigenschafft des Kauf-Preises, worein das quittirte debitum versetzt ist, so lange bestehe, bis die jetzt verlangte Wieder-Aufhebung des besagten Kaufes würklich und allent-halben in der bedungenen Maaße zu Stande gebracht worden.

So natürlich es ist, daß ein Gläubiger, der zu Vergütung seiner anerkannten Schuld-Forderung ein unbewegliches Guth Kauf- und Vertragsweise annimmt, dagegen seiner vorherigen Schuld-Forderung gänzlich entsagen muß, indem eben dadurch die erforderliche gänzliche Bezahlung des Kauf-Preises geleistet wird; So gewiß bleibt in Recht und Billigkeit gegründet, daß bey Wieder-Aufhebung des Kaufes, der entrichtete Kauf-Preiß, aller beym Einkauf geleisteten Quittung und Verzicht ohngeachtet, zurück zu geben sey.

Ueberdies hat hochgedachter Churfürst vor und nach erfolgtem Frie-dens-Schluße vielfältig und bis in seinen Tod bezeuget, daß die Wie-der-Erstattung derer XIII. Millionen denen Bayerischen Allodial-Er-ben vorbehalten sey und bleibe, (-) und es ergiebt sich aus dem allen

C 2

zur

Seits dem Bayerl. Manns-Stamme die gegenseitige Nachfolge an allen Neoacquisiten zusagen, anbey auch §. 3. des Tractats von 1771. daß dagegen keine Hinderniß weder in Pfälzischen Testamenten noch andern dergleichen Handlungen und Urkunden zu befinden sey, versichern wollen, mit der kundbaren jenseitigen Hauß-Verfaßung nicht zu vereinbaren, mithin auch in diesem Betracht nicht vom Bestand und rechtlichen Er-folg seyn können.

1) Beyl. sub Lit. F,

zur Gnüge, daß die jenseitige hauptsächliche Einwendung, als ob Churfürst Maximilian von der Anno 1628. bedungenen Wieder-Erstattung
am Ende selbst wiederum abgestanden sey, ganz ungegründet ist; So
wie übrigens über Gerechtsame, die in einem so feyerlichen, zum allge-
meinen Reichs-Grund-Gesetze aufgenommenen Friedens-Schluße vorbehalten, und bey der daselbst zum Grunde liegenden Kauf-Handlung
ausdrücklich bedungen sind, keine andere besonders anzugebende Nah-
mens-Formel erforderlich ist, als die sich ex Pacto et Lege publica von
selbst ergiebt.

Auf den einzigen Gegenstand (¹) der Meliorationen laßen sich die
in der größten Allgemeinheit bedungenen actiones et beneficia nicht ein-
schränken; Und die Friedens-Stifter, von denen bekanntlich jeder Ausdruck in genaue Erwegung gezogen worden, hätten in alleiniger Beziehung auf den künftig bloß möglichen Verbesserungs-Aufwand nicht sagen können, daß dieserhalb actiones dermahlen schon zuständig seyn
und vorbehalten bleiben sollen; Vielmehr ist auch hier aus den klaren
Worten: quae competunt, reservata maneant: offenbar, daß die Friedens-Stifter hauptsächlich der Interessenten damals schon vorhandene
Forderungen vor Augen gehabt; Und welche konnten das mehr seyn,
als die Wieder-Erstattung der XIII. Millionen, die bey der ganzen
Verhandlung der Pfälzischen Sache den vornehmsten und vom Anfange
bis zu Ende unabläßig betriebenen Punct ausmachten, am Ende auch
das einzige Mittel blieben, wodurch das außerdem gänzlich verlohrne
Land annoch gerettet werden könnte.

Zudem

---

r) Der angezogene HENNIGES saget nichts mehr, als daß ihm nicht bekannt noch über-
schhlich sey, was eigentlich unter jenem Vorbehalte begriffen seyn möchte? Wie er denn
eben diesen Zweifel in Beziehung auf die Meliorationes äußert, und also auch der jenseitigen Auslegung nicht beystimmet. So gewiß aber aus solchen Zweifeln des besagten Schriftstellers noch nicht folget, daß eine so wichtige Stelle des Friedensschlußes
ganz unbedeutend und vergebens sey; So gewiß würde auch ermeldter HENNIGES
selbst mit mehrerer Bestimmung geurtheilet haben, wenn er alle, zur Sache gehörige,
nach der Hand erst bekannt gewordene Urkunden und Nachrichten einzusehen, Gelegenheit gehabt hätte.

Zudem iſt die Ober-Pfälziſche, für die überlebenden Herrn Pfalzgrafen bedungene Nachfolge, vermöge des Friedens-Schlußes, noch
an die ebenfalls und zugleich bedungene Mitbelehnſchafft gebunden;
Und wie überhaupt ein anzunehmender Mitbelehnter das Lehen in keinem beſſern noch ſchlechtern Zuſtande, als worinne es ſich zur Zeit der
erworbenen Mitbelehnſchafft befunden hat, und folglich mit allen zur
ſelbigen Zeit ſchon darauf gehaffteten Schulden und Obliegenheiten zu
empfahen hat; Alſo kann beſonders in dem gegenwärtigen Falle, da
beſagte Mitbelehnſchafft von Churfürſt Friedrichs Nachfolgern, für ſich
und alle Rudolphiniſche Anverwandte, nach geſchloßenen Frieden,
würklich, jedoch auch nicht anders, als nach Inhalt des Friedens-
Schlußes (ſ) erlanget worden, um deſto minder bezweifelt werden, daß
die Mitbelehnten die Ober-Pfalz mit den Laſten und Beſchwerden, die
zur Zeit bemeldten Friedens-Schlußes darauf gehafftet, und nach dem-
ſelben darauf verblieben, anzunehmen, und die daraus fließende Verbindlichkeiten und Bedingungen zu erfüllen verbunden ſeyn. Am we-
nigſten mag, nach ſolchen beſonders und ganz neuerlich eingeführten
Lehns- und Mitbelehnſchaffts-nexu, die Ober-Pfalz annoch für ein
bloß ex pacto et providentia majorum devolvirtes Guth angeſehen,
und hierunter oder ſonſt wieder auf ſolche Einwendungen zurückgegan-
gen werden, die bereits bey den Friedens-Unterhandlungen weitläuftig
erörtert, und in dem erfolgten Friedens-Schluße, wie die ganze Pfälziſche Sache (t) völlig abgethan und entſchieden ſeyn.

C 3   Wenn

ſ) Inſt. Pac. Oſnabr. Art. IV. §. 9. Monaſt. §. 17. verb. interim ſimultanea inveſtitura ga-
viſuros &c.

Ober-Pfälziſche Mitbelehnſchafts-Urkunde, d. 2. 1652. in Lünigs P. I. Corp.
Iur. feud. p. 675. ingleichen
die Chur-Pfälziſche Ratification des Weſtphäliſchen Friedens in des v. Meiern
T. I. Act. Execut. p. 271.

t) Art. IV. Inſtr. Pac. Oſnab. §. 2. v. de cauſa Palatina diu mota lis dirompta ſit modo
ſequenti.

Wenn endlich die Bayerischen Lande und Unterthanen, noch vom Schweden=Kriege her, etwas an die Ober=Pfalz zu fordern gehabt hätten; So würde das zu den alten Ober=Pfälzischen Landes=Schulden gehört haben, derenthalber bald Anfangs eine besondere Commission angeordnet, auch ausdrücklich stipuliret worden (u) daß Churfürst Maximilian solche Schulden nicht mit übernehmen, vielmehr dasjenige, so davon in der Folge abgelößt werden möchte, Ihm und seinen Allodial=Erben, als eine Verbesserung, und über den, mit Ausschluß der Schulden bestimmten Kauf=Preiß der XIII. Millionen, erstattet werden solle.

Vielweniger mögen die von den Bayerischen Landes=Ständen bey damaligen gemeinen Kriegsläuften erlittenen Schäden, gegen die von Churfürst Maximilianen für sich, und besonders wegen des Pfälzischen Krieges aufgewandten, und ausgemachtermaßen von den Ober=Pfälzischen Nachfolgern zu erstattenden Kosten in Abrechnung gebracht werden. Hätten aber die Bayerischen Land=Stände hochgedachtem Churfürsten etwan einigen Vorschuß gethan; So würde dieser Punct, und inwieferne überhaupt die Landständischen Cassen denen Herrschafftlichen active oder passive verwandt seyn möchten? lediglich mit besagten Land=Ständen zu erörtern, niemals aber auf den liquiden, und gar nicht von den Bayerischen Land=Ständen, sondern von dem Ober=Pfälzischen Nachfolger zu vertretenden Ober=Pfälzischen Kauf=Preiß zu compensiren seyn.

Ad 4.

Das dießeitige Besitz= und Innebehaltungs=Recht, welches überhaupt eine Würkung der Erbfolge, auch, soviel die Ober=Pfalz betrifft, im Friedens=Schluße selbst, vermittelst des, außerdem ganz ohnbedeutend und vergeblich bleibenden Zusatzes: *et beneficia*, aufs deutlichste bezeichnet

u) Chursächßische Rechtsbegründete Ansprüche §. 41. seqq. und Beylagen Num. XVI. et XVII.

bezeichnet ist, betrifft eines Theils die Erb= und Eigenthums=Güther an sich, andern Theils aber auch das Mannlehn.

Bey erstern bleibt das Besitzungs=Recht eine Folge des Eigen=thums, welches auf die rechtmäßigen Erben ipso jure übergeht, so=wohl auf jeden andern Fall nichts mehr als einer bloß wörtlichen Er=klärung des Antritts bedarf. Im Stande Rechtens muß dem Eigen=thümer, wie jede andere ihm de jure zukommende Gerechtigkeit, so auch der Besitz seines Eigenthums, insonderheit gegen diejenigen, die selbigen de facto, und gegen des Eigenthümers Protestation, ohne rechtlichen Titel an sich nehmen wollen, zugesprochen werden (w) ohne daß besagter Eigenthümer oder deßen Erbe nöthig hätte, wie etwan ein bloßer Innhaber sich an die possessorischen, lediglich auf den thät=lichen Besitz=Stand begründeten Mittel zu halten.

In Ansehung des Mann=Lehns bleibt das denen Allodial=Erben auf solange, bis die Meliorationen vergütet, sowohl durch Absonde=rung der untermengten Erbstücke der eigentliche Bestand des Manns=Lehns in Gewißheit gesetzt ist, zukommende Besitz= und Innebehal=tungs=Recht, in der klaren Vorschrifft der gemeinen Rechte gegründet, und diese sind auch in Reichsständtischen Lehns= und Erbschaffts=Sa=chen, vermöge der Reichs=Cammer=Gerichts=Ordnung (x) und Reichs=Hof=Raths=Ordnung (y) so lange in Acht zu nehmen, als nicht aus einheimischen und Reichs=Gesetzen eine andere Verordnung beygebracht wird.

In

---

w) Daß auch diesem gemäß von den Reichsgerichten erkannt wird, ist vor andern aus dem einheimischen Beyspiele der Gräflich=Wolffsteinischen Sache, und darinne beym Reichshofrathe erfolgten Poßeßorien Urtheln vom 18. Dec. 1732. und 15. May, 1733. bekannt.

x) P. I. Tit. XIII. §. 1.

y) Tit. I. §. 15. wie denn auch in Tit. V. §. 1. sub fin. versehen ist, daß bey Lehns=Strei=tigkeiten zuförderst originalem investiturae, und hiernächst die klaren Lehn=Rechte zum Grunde genommen, und denen dagegen allegirten, aber nicht zu Recht probirten Gebräuchen (vielweniger der bloßen und in keinem Gesetz gebilligten Vermuthung pro feudo) nicht deferiret werden solle.

In der angeführten Stelle II. Feud. 26. §. 1. wird nur eine filia erwähnet, weil in dem erzählten Streitfalle, welcher zu der nachfolgenden Entscheidung Gelegenheit gegeben, eben nur eine Tochter vorhanden war. Daß aber nichtsdestominder der angenommene Entscheidungs-Grund, und die ratio legis allen Töchtern und Weibes-Erben zu statten komme, bleibt hier eben so offenbar, als bey den vielen andern Gesetzen, (¹) die gleichfalls nur auf einen zwischen bemeldten Partheyen vorgewesenen Streit sich beziehen, und dennoch über die streitige Frage eine allgemeine Entscheidung ertheilen.

Zudem ist oben bereits erwähnet, wie die verwittbete Frau Churfürstin zu Sachsen das an den Herrn Churfürst überlassene Erb-Recht von Ihren hohen Vor-Eltern haben, und in Ansehung derer von selbigen herrührenden Erb-Güther, allerdings als ermeldter Vor-Eltern Tochter, und nothwendige, das ist, keinesweges auszuschließende Erbin zu betrachten sey; Hingegen von dem freyen Willen des letzten Besitzers, und als deffen Schwester nichts mehr als Seine selbsterworbenen Güther zu erwarten gehabt; Wie denn auch der Chur-Sächsische Hof denenjenigen, denen ermeldter letzter Besitzer etwas von Seinen selbsterworbenen Güthern, mittelst einer Rechtsbeständigen Disposition vermacht haben möchte, solches gerne zu gönnen, und gegen eine Verhältnißmäßige Mit-Vertretung der Schulden, die allemal Rechtens bleibt, zu überlassen, Sich bald Anfangs (²²) erkläret hat.

Bey

---

2) Wie denn auch II. Feud. 28. §. Si Vasallus in feudo &c. die Erstattung der Meliorationen, denen Worten nach, nur dem Domino auferlegt, gleichwohl kein gegründeter Zweifel, auch selbst in dem jenseitigen Widerspruche pag. 7. anerkannt ist, daß die Meliorationes von Agnaten, wo diese zur Lehnsfolge kommen, nicht weniger als von dem succedirenden Lehnherrn zu erstatten seyn.

22) Chursächßl. Deduction §. 34. sub 6a.

Bey diesen allen, und da auch aus den Lehn-Briefen sowohl als aus denen, über die Allodial-Güther vorhandenen Erwerbungs-Urkunden am Tage liegt, wie weit das Anno 1180. überkommene Reichs-Lehnbare Fürstenthum Bayern, von der heutigen, in so vielen außer dem erb- und eigenthümlich erworbenen Güthern mitbestehenden, Verlassenschafft des Hauses unterschieden sey, so hat man nicht mehr Ursache, sich mit bloßen Vermuthungen aufzuhalten; Wiewohl allemal der Lehns-Vertrag eine neuerlich, auch bey jedem Lehn insonderheit und unter verschiedenen Bedingungen eingeführte, mithin Beweiß erfordernde That-Sache bleibt; Sowohl aus dem Umstande, daß die mehresten Reichs-Stände zugleich Reichs-Lehnleute sind, allenfalls nichts mehr, als daß auch die übrigen Reichs-Stände einiges Reichs-Lehn besitzen mögen, sich vermuthen, keinesweges aber dahin schließen läßt, daß alle Besitzungen eines Reichs-Standes für Reichs-Mann-Lehn zu achten, oder zu den insgemein Reichs-Lehnbaren Fürstenthümern zu rechnen seyn (bb); In mehrern Betracht wenig Reichs-Stände sich finden werden, die nicht, außer ihrem Reichs-Mann-Lehn, etwas an absonderlich erworbenen Erb- und Eigenthums-Güthern, auch wohl überdieß Lehen von andern Herren und von verschiedener Art besitzen sollten.

In

bb) cf. impr. STRUV. de Allod. Imp. Cap. IV. §. 16. seqq.

Der jenseits angezogene MOSER in §. 18. der Lehns-Verfaßung p. 415. setzt sub No. 1. einen gegenwärtig nicht vorhandenen Fall voraus, da ein solcher Allodial-Erbe vorhanden wäre, deme von dem letzten Besitzer sothane Allodial-Erbschaft entzogen werden könnte. Dahingegen in ebendeßelben Schriftstellers Familien-Staats-Rechte Cap. IX. §. 3. 53. et 56. zu befinden ist, wie selbiger vielmehr denen dießfälligen Grundsätzen, besonders auch darinne beystimmt, daß die Töchter, insonderheit die Bayerischen, allerdings im Allodio ein ursprüngliches, denen Agnaten vorgehendes, Succeßions-Recht haben, und daß ihnen solches von dem letzten Besitzer keineswegs, auch nicht durch Verträge, soferne diese nicht etwan von Ver-Eltern herrühren, und in solcher genau zu beobachtenden Maaße hergebracht sind, entzogen werden könne.

D

In Anſehung des zuletzt angezogenen jenſeitigen Vertrags von Jahr 1774. (ub No. 4.) verdient annoch bemerket zu werden, daß ein Conſtitutum poſſeſſorium, bekannten Rechten nach einen rechtlichen Grund und Titel zu Erlangung der Poſſeß und daß die Conſtituenten die Poſſeß ſich zugeſtehen und beſtätigen können, vorausſetzt, (cc) gleichwohl in dem gegenwärtigen Falle ganz unerfindlich bleibt: Wie das Hauß Pfalz an den Güthern des Ludovicianiſchen Hauſes, und inſonderheit an deſſen neuerwerbenen Allodial = Güthern (die allemal der vornehmſte und unwiderſprechlichſte Gegenſtand derer dießeitigen Rechtsbegründeten Anſprüche bleiben, und nicht mit dem geringſten Scheine Rechtens unter das Pfälziſche, lediglich auf gemeinſame Ahn = herren und deren Erwerbungen ſich beziehende jus Agnationis gezogen werden mögen) bereits vor Anno 1774. einen rechtlichen Grund und Titel zu Erlangung der Poſſeß gehabt oder im Jahr 1774. erlanget haben könne, und wie ihm von dem Herrn Churfürſten zu Bayern daran eine Poſſeß durch das angegebene Conſtitutum von beſagten Jahre, hätte zugeſtanden und beſtätiget werden mögen? Hauptſächlich aber iſt unumſtößlich gewiß, daß ein ſolcher poſſeßoriſcher Vertrag, wie jeder andere, lediglich die pacificirenden Theile unter ſich verbindet; Der gegenwärtige aber eigends und alleinig wider den Dritten gerich= tet, mithin in jedem Betracht allen Rechten zuwider iſt.

So wenig jedoch der Chur = Pfälziſche Hof, nach ſeiner am Schluße beygefügten Erklärung gemeinet iſt, von denen, in Anſehung der Paßiv = Schulden, denen Creditoribus zuſtehenden Gerechtſamen ei= nigen Anſtand oder Einwurf, gegen die zufürderſt nöthige Regulirung der Lehns = und Erbfolge herzunehmen; So wenig gedenken auch Ihro Churfürſtliche Durchlaucht zu Sachſen von Ihrer bald Anfangs vorzüglich gehegten und mehrmals geäußerten Neigung zu einem gütli= chen Abkommen, abzugehen.

Nur

---

cc) L. 18. pr. D. de adquir. vel amitt. Poſſeſſ.
j. L. I. pr. D. de Pecun. Cunſtit. Lauterbach ad Pand. Lib. XLI. Tit. II. §. 16. 17.

Nur wird zu Erreichung solcher guten Absicht nöthig seyn, daß sämmtliche, das Lehn und Erbe betreffende, Archivs=Urkunden und Nachrichten gemeinschafftlich durchgegangen, sowohl eine vollständige, auf alle vorfindende Verlaßenschaffts=Stücke zu richtende Inventur, ohne längern Anstand bewerkstelliget werde.

Im abgewichenen Jahre ist nicht nur, dem sofort nach bekannt gewordenen Ableben des Herrn Churfürsten zu Bayern, mit besonderer Vollmacht zu Besitznehmung der Allodial=Güther auch Versiegelung und Verwahrung der Mobiliar= und vorzüglich der Archivs=Behältniße, eigends nach München abgeschickten Churfürstlich Sächsischen geheimen Rath Freyherrn von Zehmen, die Ausrichtung seines Geschäftes, und sogar alle Concurrenz zu Sicherstellung der Archivs=Behältniße gegen einseitige Unternehmungen schlechterdings verweigert, und dahero von diesem dagegen eine feyerliche Protestation eingeleget, (dd) sondern auch nachhero dem dießseitigen Bevollmächtigten die gesuchte gemeinschafftliche Inventur des Münchner Archivs beharrlich abgeschlagen, und in Ansehung der übrigen Inventur ein mehreres nicht ins Werk gerichtet worden, als daß man von den Mobilien, so viel als man jenseits gewollt, aufzeichnen und würdern laßen, alles übrige aber, unter dem unerheblichen Vorwande, daß es zu dem decoro aulico gehöre, dem Lehnsfolger zuzueignen gemeinet ist.

Gegen eine solche willführliche Behandlungs=Art hat auch letztgedachter Chur=Sächsische Bevollmächtigte, unter eventualer Verwahrung (ee) der dießseitigen Gerechtsame, vielfältige Vorstellung gethan.

Nachdem aber dieses alles bey dem Chur=Pfälzischen Hofe bis jetzo noch keinen Eingang gefunden, immittelst auch die jenseitige Vorenthaltung

dd) Rechtsbegründete Ansprüche §. 60. p. 32. 33. Beyl. Num. XXII. XXIII. p. 72-78.
ee) Beyl. sub Lit. G.

enthaltung alles Erbes, nach wie vor continuiret, und die unangenehm-
sten Streitigkeiten, dem bisherigen Ansehen nach, immer weiter sich aus-
breiten; so muß man Chur-Sächsischer Seits beklagen, daß solchergestalt die Mittel und Wege, wodurch zu der gewünschten gütlichen Auskunft, zu welcher man dießeits noch allemal bereit und erbötig ist,
zu gelangen wäre, je länger je mehr erschweret werden.

Beylagen

Beylagen.

Beylagen.

A. Churfürst Maximilian Josephs, über den Verzichts-Brief der letztverwittweten Frau Churfürstin zu Sachsen ertheilte Declaration vom 2ten Jänner, 1761.

B. Extract eines Abschiedes vom 12. August 1559.

C. Extract des Tractats vom Jahr 1771. aus einer jenseits mitgetheillten Abschrift.

D. Anmerckungen über das Pfalz-Zweybrückische Pro Memoria vom 16. May, 1778.

E. Extract einer neuerlichen Pfälzischen Verzichts-Formel.

F. Extract der cobicillarischen Erklärung Churfürst Maximilian I. vom Jahr 1650.

G. Churfürstliche Verwahrungen gegen die Chur-Pfälzischer Seits fürgenommene unvollständige Inventur, auch verweigerte Eröfnung des Münchner Archivs.

A.

Churfürst Maximilian Josephs über den Verzichts-Brief der iezoverwittbeten Frau Churfürstin zu Sachsen ertheilte Declaration vom 2ten Jenner 1761.

Von Gottes Gnaden

Wir Maximilian Joseph in Ober- und Niederen Bayrn auch der Oberen Pfalz Herzog, Pfalzgraf bey Rhein, des heil. Röm. Reichs Erz-Truchses, und Churfürst, Landgraf zu Leuchtenberg ꝛc.

Bekennen für Uns, alle Unsere Erben, und Nachkommen mit- und in Crafft diß, Wasgestalten Wir bey nachschlag- und genauer Durchgehung der von Unnserer freundlich geliebter Frauen Schwester der Durchleuchtigisten Fürstin Frauen **Maria Antonia**, des auch Durchleuchtigisten Fürstens Herrns **Friedrich Christians** Königlichen Prinzens in Pohln und Lithauen, Chur-Prinzens, und Herzogens zu Sachsen, Jülich, Cleve, Berg, Engern und Westphalen, Landgrafens zu Thüringen, Marggrafens zu Meißen, auch Ober- und Niederlausiz, gefürsteten Grafens zu Henneberg, Grafens zu der Marck, Ravensberg, Barby und Hanau, Herrns zu Ravenstein ꝛc. Gemahlin gebohrner Kaiserl. Prinzeßin, Herzogin in Bayrn ꝛc. Lbden abgegebenen-Coram Notario et testibus beschwohrnen renunciation de dato München den 12ten Juny ao. 1747. befunden, daß dise renunciation nicht durchgehents nach der bey Unserem Durchleuchtigisten Churhauß Bayrn von Uhralten Zeiten hergebrachten Observanz, wie es doch nach Selbstiger Maßgab hochgedachter Unserer Frauen Schwester Lbden errichteten Ehepacten, dann Unserer wahren gesinnung hätte seyn sollen, und niemallens hiermit eine andere meinung gehabt, eingerichtet, sondern hierinnen durch die gebrauchte Generale Benennung der Sammentlichen Hauß-Agnaten Herzogen von Bayrn die obschon nicht zu vermuthen seyn wollende gelegenheit gelaßen worden, daß sich Seiner Zeit bey einem von Gottes Verordnung abhangenden Manns-Stammens Ausgang des Kayser Ludovicianischen und nach dem Inhalt des Westphäl. Friedens benennten Wilhelminischen Chur-Bayrischen Manns-Stammens hieryber einiger anstand, und Irrung ergeben Könnte.

Damit nun all-Konfftigen mißdeuttungen Zweifl, und anständen desto gewißer, und gänzlichen abgeholffen seyn möge und solle; Also- und zwar auf erj

suechen.

4

suchen, So declariren Wir, und thun Kund hiemit offen vor jedermänniglich, wo und wie es immer erforderlich seyn mechte, mit= und in Crafft diß, in bester Rechts=Form, und wie es am aller Cräfftigisten seyn Kan, und soll, Unns auch dise declaration zu machen um so mehrers allerdings gebühret und zuestehet, alß sothanne von diser Unnserer Frauen Schwester Ebden abgebene Verzicht haubt=sächlichen in Faveur Unnf und Unnseren Leibs=Erben in infinitum Dann zu=gleich an Unnf als Caput dises aus Gottes gnaden florirenden Churhauß Bayrn aufgestöllet worden, daß nehmlichen vorbesagte von Unnserer Frauen Schwester Maria Antonia dermahlig vermählter Chur=Prinzeßin in Sach=sen rc. Ebden für sich, Jhre Erben und Erbnehmen abgegebene beschwohrne Ver=zicht weitters nicht, alf auf die von weyl. Unnserem Herrn Uhr= Uhr= Uhr=groß Vattern Herzogen Wilhelmo Quinto herstammende Hauf=Agnaten, Herzogen von Bayrn gemeinet, und von Unnf angenommen worden, folgli=chen auch weitters nicht, dann auf dise Herzog Wilhelminische Hauß=Agna=ten Herzogen von Bayrn sich extendiren, und in Keiner Zeit andergestalten geachtet werden könne, möge und solle Also und dergestalten, daß so lang und vill Ein von Ebenbesagtem Herzog Wilhelmo Quinto in Bayrn herstam=mender Herzog von Bayrn im Leben und der wahren Römisch=Catholischen Religion seyn werde, dise Unnsere Frau Schwester Maria Antonia derma=len vermählte Chur Prinzeßin in Sachsen Ebden Dero Erben und Erb=nehmen zu all=jenem, dessen Sich Hoch=Selbe in Dero abgegebenen be=schwohrnen renunciation auf den andaurenden Manns Stammen der Gant=mentlichen Hauf=Agnaten Herzogen von Bayrn gedachter Wilhelminischen Manns=Linea würklichen begeben, den geringsten an= und zuespruch zu stöllen, und einen Regrefs zu suechen jemallens befuegt=

Jm fahl aber auf Gottes Verordnung der von hochbesagtem Un=serem Herrn Uhr= Uhr= Uhrgroß Vattern Herzogen Wilhelmo Quinto her=sprisende Manns=Stammen, und also sowohl Unnfere= alf diser Seithero vorhandenen Unfrer= und Hochgedacht= Unnferer Frauen Schwester Ebden Sammentlicher Herzog Wilhelminischer Hauf=Agnaten Herzogen von Bayrn Manns=Linea eintweederf ohne Hinterlaffung rechtmäßiger Manns=Erben abgehen, und hierdurch villbefagter Herzog Wilhelminischer Manns=Stammen völlig auessterben oder Keiner Mehr, So der wahren Römisch=Catholischen Religion zuegethan, hiervon vorhanden seyn wurde, Hoch=Ernannt= diser Unnferen Frauen Schwester Maria Antonia dermahln vermählter Chur Prinzeßin in Sachsen Ebden Dero Erben und Erbnehmen (daß jedoch auch dise Dero Erben und Erbnehmen der wah=ren Römisch=Catholischen Religion seyen) in dem vorbemeldeten ein= wie den andern sich ergebenden fahl der Rechtliche Zue= und anspruch, auch der Erbliche Regrefs und Zuetritt Selbsten zu all=jenem waszue Sie Sich in billerbeutreter

renun=

renunciation dißfahlß verziehen, und bißdahin begeben, nach ordnung Dero ge=
burth vorbehalten und offen seyn, auch verbleiben sofort Hoch=Selbe, Dero
Römisch=Catholische Erben und Erbnehmen weitters nicht vermög Jhrer
abgegebenen beschwohrnten renunciation und zwar noch um so weniger gebunden
seyn sollen, jemehrers dise Jhre renunciation niemallens andergestallten gemeinet
gewesen, auch solche von Unnß andergestallten weder verlanget, noch angenommen
worden, dann daß solche nach der bey Unnserem Churhause und villmehrers
Chur=Linie von Uhralten Zeiten hergebrachten Observanz., und alt=neblichen
Herkommen abgegeben werden solle, Zu welch= noch mehreren gewißheit und
richtigkeit Wir Unnß die in Unserem Churfürstl. geheimen Archiv hinterlegt=
von denen ausgeheuratheten Herzoginen in Bayrn in älteren und Jüngeren Zei=
ten aufgestöllte Verzichten vorlegen laßen, und in deren Selbstigen einsicht, und
durchlesung befunden, daß all= solche Verzichten nur ad hanc Lineam, anbey
auch die lötztere derley renunciationen dißfahlß nach diser gegenwärtig declarirten
buchstäblichen Form eingerichtet seyen. Getreulich und ohne geverde, Deßen
zu wahren Urkund und beCräfftigung haben Wir dise auf die von Hoch=Er=
nannte diser Unnserer Frauen Schwester, und Hoch Dero Ehegemahls des
Herrn Chur=Prinzens zu Sachßen Lbdn Lbdn an Unnß hierinfahlß besche=
henes= beym eingang schon gemeldetes ersuechen und vorstößung, auch deren an=
erkannte gründlichkeit wohlbedächtlich abgegebene declaration nicht nur mit eig=
ner Hand unterzeichnet, und Unnser Churfürstl. Jnsigl hieran gehangen, sofort
solche= Lötzthochbesagt= Unnserer Frauen Schwester Maria Antonia der=
mahlig=vermählter Chur=Prinzeßin in Sachßen Lbdn Selbsten eingehän=
diget, sondern auch den völligen inhalt gegenwärtiger declaration von Unnserem
geheimmen Archivario Dero Coram Notario et testibus errichteten Verzicht so=
wohl, alß Dero Ehegemahls des Herrn Chur=Prinzens zu Sachßen Lbdn
sub dato Dreßden den 7ten July ao. 1747. aufgeförttigten genehmhaltung= und
adhæsions instrument, damit sich hierbey desto minder bey einen auf Gottes
Verords= und Zuelaßung treffenden fahl einiger anstand, oder Zweifl ereignen
möge, beysetzen laßen, und solch=Beede beysätz ebenfahlß mit Unnserer eignen
Handunterzeichnung, auch vorgedruckt= Churfrl. Jnsigl beCräfftiget. So ge=
schehen in Unnserer Churfrtln. Haubt= und Residenz=Statt München den an=
derten Monaths tag Jenner des Ein Tausend, Süben Hundert, Ein= und Sech=
tigisten Jahres

Max. Jos. Churf.

Sig. app.

B.

B.

Extract

eines Abschieds, welcher von Kaiser Ferdinando Imo auf Anrufen Herzogs
Albertn in Bayrn, wegen seiner an Churfürst Friedrichen zu Pfalz habenden Forderungen, durch Herzog Christophen zu Würtemberg, als Unter-
händlern, mit beyder Partheyen Bewilligung errichtet und
vollzogen worden, den 12. Aug. ao. 1559.

Dann vnnd zum Fünfften antreffend die Erbainigungssach, Wiewoll hochgedachter Herzog Christof, Alß der Vnnderhenndler, auß aller deßhalb,
sonderlich aber Jüngister gepflegter tractation ain Concept stellen lassen,
Auch darvon baiden Hochgenannten Partheien Copias behendiget, Jedoch dieweil
dißmals alhie, auß mangel berichts, hier Jnn nicht fruchtbarlich fürgeschritten,
vnnd diß hochnutzlich werckh endlich abgehanbelt werden mögen, So ist hiemit
bewilliget vnnd verabschiedet, Das offt vnnd hochbemeldter baidertheil Räth, mit
vollkommen bevelch vnnd gwalt, uff Monntag nach Simonis vnnd Jude zu
fruer Tagzeit zu Stutgarten ankhommen vnnd alßdann nach genugsamen einge-
nommenen bericht vnnd gegenbericht, Jm Namen des Allmechtigen, vonn diser
Erbainigungssach weither tractieren, abhanndlen, vnnd die, wo müglich, vergleichen sollenn, Vnnd des alles zu warem vrkundt, So hatt höchstgedachte
Römische Kaiserliche Maiestatt disen Abschid mit Jrer Maiestatt Hannden vnder-
schriben, vnnd darzu Jrer Mt. Jnsigel daran henckhen lassen. Dergleichen vill
vnnd hochgenannte Partheien, Pfalz vnnd Baiern, vnnd dann Herzog Christof
alß vnnderhenndler, auch gethan, welches vierfach verfertigt vnnd darvon höchst-
gedachter Kaiserlichen Maiestatt ainer, vnnd Jeder Parthey ainer, deßgleichen
Herzog Christoffen, alß dem vnnderhenndler, auch ainer zugestelbt vnnd geben ist
uff Smbstag dene Zwölfften tag Augusti, Alß man nach Christi, vnnsers liebs-
sten Herrn, vnnd ainigen Hailannds gepurt zalt, Tausendt fünfhundert, funff-
zig vnnd Neun Jar.

Ferdinand.

Friedrich Pfaltzgf.   A Hzog in Bayrn   Christoff Herzog zu
Churfürst.   ppria.   Wirtemberg.

                                           manu ppria.

C.

C.

Extract

des Tractats vom Jahre 1771. aus einer jenseits mitgetheilten
Abschrifft.

Von Gottes Gnaden Wir Maximilian Joseph, in Ober= und Nieder
Bayrn, auch der Obern=Pfalz Herzog, Pfalzgraf bey Rhein, des heil.
Röml. Reichs=Erz=Truchseß und Churfürst landgraf zu leuchtenberg ꝛc. ꝛc.

und

Von Gottes Gnad Wir Carl Theodor, Pfaltzgraf bey Rhein deß H. R.
Reichs=Erz=Schatz=Meister, und Churfürst ꝛc.

Drittens Belangend die Einschaltung der übrigen neueren acquisiten so unter
die lehenbare Gattung nichtgehören wegen denenselben haben wir auf Seiten Pfalz
weder in den Testamentis der samentlichen Pfalzgrafen bey Rhein noch in andern
dergleichen Handlungen und Urkunden eine Hinderniß sondern vielmehr im Gegen=
spiel durch den Orleanischen Succeßions Streit beobachtet, daß die Sache durch den
Päbstlichen am 17. Febr. 1702. publicirten superarbitral Spruch sowohl, als durch
die mehrfältige in denen Jahren 1673. 1728. und 1734. in jener Absicht wiederholte
Hauß=Unions Erneuerungen zu unsern Vorhaben gleichsam schon geschlichtet, welche
folglichen diesem erneuerten Erb=Einungs pacto einverleibet seyn, und mit den
Alt=Väterlichen Haupt=landen beständig reunirt verbleiben sollen. Wie denn auch
auf Seyten Bayern unser Antrag gleichstimmig dahin gehet, samentl. Acquisita
mit den alt=väterlichen stammgütern zu vereinigen, und gegenwärtiger Erb=Ver=
brüderung, ohne Ausnahme einzuschalten. In Folge deßen aber wo von Churfürst
Maximiliano I. ein dem Pfälzischen Hauß bis daher unbekannt verbliebener Codi=
cill, d. d. 5. July 1650. zum Vorschein kommen ist, Inhalt deßen nach gänzlichen
Abgang der Männlichen Wilhelminischen linie die nächst gesipte Allodial Erben
vor dem Erbverbrüderten landes Nachfolger in den Herrschafften Mindelheim,
Wiesensteig, Matikofen, Winzer und Degenbergischen Gütern succediren sollen,
dieser Codicill hingegen von Seiten Pfalz, absonderlich was darinnen in Anse=
hung der Obern Pfalz wegen denen Böhmischen Krlegs Schulden per 13. Mil=
lionen eingemischet worden, aus mehrfältigen auf vorgehende Erb=Verbrüderun=
gen und dem Verstand des Westphälischen Friedens selbsten gegründeten Ursach mit
feyerlichsten Verwahrungen protestiret wird. So sind Wir Maximilian Joseph
Churfürst in Bayern des Vorhabens, und machen uns auch gegenwärtig, so weit es
immer in unsern Kräften stehet, anheischig, diesen An= und Gegenstand mit

ver=

———

verstandenen Allodial Erben, in Fall uns die göttliche Vorsehung der menschlichen
Ordnung nach mit den Jahren von der Hofnung;ehelich gewärtiger Männlicher
Leibes Erben entfernen wurde, unter Chur Pfälzischer Beystimmung und mit
Würkung auf hiernach Art. 9. bestimmte Art noch selbsten um so mehr zu schlichten, als in dem Dreißig;Jährigen Krieg Land und Leut an Gut und Blut, bis
auf die lezten Kräfften erschöpfet worden, die dortmalige Lasten noch zum Theil
mit passiv Schulden auf sich tragen, und das übrige ebenfalls aus ihren Mitteln
abgetragen haben, was nichts weniger als die Vermehrung einer künfftigen Allodial Massa, sondern vielmehr den Aufnahm und die Erhaltung des gesamten
Staats zum Grunde gehabt hat, und unsere Aufmerksamkeit bestomehr verdient,
damit durch Zweyspaltige Ab und Gegenberechnungen die künftige Landes Nachfolger mit verstandenen Allodial Erben keine weitere Unruhen ausgesezt, sondern durch
solch unsere vorhabend zeitliche Vermittelung wie durch nächstfolgend angeordnete
Verzichten auf den weitern mit selben sich ergebenden Fall in Ruhe und Frieden
verbleiben:

Zehentens. Wir sollen und wollen uns dahero auf vorbestimmten Fall
wann uns in unsern Lebzeiten, oder unserem Herrn Vettern Lbdl. Lbdl. die Göttliche Vorsehung auf einer oder der andern Seiten von der Hoffnung Ehelich gewärtiger Männlicher Leibes Erben menschlicher Ordnung nach entfernen wurde, nichts
mehrer angelegen seyn laßen, als nach der allda geäußerten Absicht um samentli-
che unbewegliche Güter mit und bey unsern Alt;Väterlichen Stamm Gütern unzer-
trennt zu erhalten, die ganze Sache mit denenjenigen Erb Prinzeßinnen welche in den Plaz der nächstgesipten Allodial Erben eintretten, auf vorgemeldte
oder was immer für thunliche Wege ohne Verschreib; und Zertrümmerung un-
beweglicher Güter selbsten, noch mittels Bestimmung und allenfalßiger Vermehrung
des Pausch Quanti zu schlichten und durch einen sonderbaren Tractat in allsei-
tige Einverständniß zu bringen, und hiezu ein Theil dem andern auf alle Art
und Weiß verhälflich zu seyn.

———

D.

Anmerkungen über das, von des Herrn Pfalzgrafen und Herzogs zu
Zweybrücken Durchl. dem, an Ihro Churfürstl. Durchl. zu Sachsen
unterm 21ten May 1778. erlaßenen Schreiben, angefügte
Pro Memoria vom 16. May 1778.

Die, Ihro Chur;Fürstl. Durchl. zu Sachsen, ex jure cesso Dero Frauen
Mutter Königl. Hoheit, an dem Baierischen Nachlaß zustehende Gerechtsame,
betreffen nach der, in obbemeldetem Pro Memoria zum Grunde gesezten Antheilung

I.

die unter denen zum Nachlaß gehörigen unbeweglichen Gütern, auch Land und Leuten, befindliche Erb-Lehne und Erbgüter:

II.

Die bey denen in Mannlehnen bestehenden unbeweglichen Gütern vorhandene Verbesserungen, nebst den Nutzungen des letzten Jahres:

III.

Die fahrende Haabe, nebst allen was dazu gehörig.

IV.

Die außenstehenden Schulden.

Ad I.

Sind die unbeweglichen Güter, welche Jhro Chur Fürstl. Durchl. als zum Allodial Nachlaß gehörig in Anspruch nehmen können, von verschiedener deutlich auseinander zu sezender Beschaffenheit:

Es sind

1.) Erb-Lehne und Erbgüter, welche zur Zeit des vom Kaiser Ludovico Bavaro mit seines Bruders des Pfalz-Graf Rudolphi Söhnen zu Pavia im Jahr 1329. errichteten Vertrags, ersterm zugehöret haben.

2.) Erblehne und Erbgüter, welche durch den im Jahr 1340. erfolgten Anfall von Nieder-Baiern an Kaiser Ludovicum Bavarum gekommen:

3.) Erblehne und Erbgüter die auserdem vom Kaiser Ludovico Bavaro und hauptsächlich von seinem Nachkommen neuerworben worden.

Daß

1.) unter denen unbeweglichen Gütern, welche bey Errichtung des Vertrags zu Pavia, Kaiser Ludovico Bavaro zugehöret haben, sowol als

2.) unter denen, welche durch den im Jahr 1340. erfolgten Anfall von Nieder Bairn an Kaiser Ludovicum Bavarum gekommen sind, sich Erbgüter befinden, welche bey Abgang des Manns-Stammes, von den Allodial Erben in Anspruch genommen werden können, hat das Pfälzische Hauß selbst nach Absterben Georgii Divitis mit vielen Gründen und zum Theil mit glücklichem Erfolg behauptet. Unterdeßen sind Jhro Chur Fürstl. Durchl. auf den Fall, wenn durch ein gütliches Abkommen, die Unterbrechung des öffentlichen Ruhestandes abgewendet

werden

werden kann, zu Beförderung dieser heilsamen Absicht, auf den Ansprüchen, an die, bey dem Vertrag und der Theilung de Ao. 1329. auf des Kaisers Ludovici Bavari Antheil gefallene wie auch nach dieser Theilung vom Kaiser Ludovico Bavaro, bey der im Jahr 1340. erfolgten Erlöschung des ältern Nieder=Baierischen Manns=Stamms, erlangte, von gemeinsamen Stamm=Vätern, der Häuser Baiern und Pfalz herrührende Erbgüter zu bestehen nicht gemeinet, und es würde auf solchen Fall alles, was Pfalz Zweybrückischer Seits von Stamm=Gütern angeführet wird, sich um so mehr von selbst erledigen, als zu den Stamm=Gütern, andere als von gemeinschaftlichen Stamm=Vätern herrührende Güter, auf keinerley Art gerechnet werden mögen.

Gleichwie jedoch Ihro Chur=Fürstl. Durchl. auf den Fall, wenn durch Treffung eines gütlichen Abkommens, die Unterbrechung des öffentlichen Ruhestandes nicht abgewendet werden könnte, Sich alle Ihre Gerechtsame auf das vollständigste vorbehalten; Also würde auf solchem Fall die angezogene Stamm=Guts=Eigenschaft und das darauf zu gründen gesuchte Erbfolgs=Recht näher erörtert werden müßen.

Dahingegen kann

3.) in Ansehung der Erb=Lehne und Erbgüter, so nicht von gemeinschaftlichen Stamm=Vätern der Häuser Baiern und Pfalz herrühren, sondern außerdem vom Kaiser Ludovico Bavaro und hauptsächlich von dessen Nachkommen neuerworben worden, von dem Hauße Pfalz, so vom Kaiser Ludovico Bavaro nicht abstammet, den Allodial=Gerechtsamen Ihro Chur=Fürstl. Durchl. zu Sachsen mit mindesten Grund und Schein Rechtens nicht widersprochen werden. Von dergleichen neuerworbenen Erb=Lehn und Erbgütern, sind einige, als die Herrschaften Mindelheim und Wiesensteig, nebst mehrern andern im Schwäbischen Creiß belegenen Besitzungen, zu Ober= und Nieder=Baiern gar nicht gehörig, und also auch in Ansehung der Landeshoheit, keinem auf den Besitz von Ober= und Nieder=Baiern zu gründenden Anspruch unterworfen. Was aber die in Ober= und Nieder=Baiern belegene neuerworbene Erblehne und Erbgüter anbelanget, da wird es bey der bekannten Beschaffenheit des Baierischen Territorii allemal auf den Unterschied ankommen, ob die Herzoge von Baiern die Landeshoheit darüber vor Erwerbung des Eigenthums bereits gehabt, oder solche mit dem Eigenthum zugleich erst erlanget haben; in dem ersten Fall gehöret das Eigenthum, ohne die Landeshoheit, in dem lezterm aber, das Eigenthum mit der Landeshoheit, zu den Allodial=Gerechtsamen. Wie aber die den Rechten gemäße würckliche Abtretung und Einräumung, dergleichen in Ober= und Nieder=Baiern belegener, ohne oder mit der Landeshoheit neuerworbener Erblehne und Erbgüter, allerdings mit mancherley Schwürigkeiten und Weiterungen verknüpft seyn könte: Also sind Ihro Chur=Fürstl. Durchl. auf den

vor=

vorhin berührten Fall, da durch ein gütliches Abkommen die Unterbrechung des öffentlichen Ruheſtandes abgewendet werden könnte, ſothane würckliche Abtretung
und Einräumung durchgehens und ohne Unterſchied zu verlangen, gleichfals nicht
geſonnen, wenn nur die dafür in Bauſch und Bogen durch Vergleich zu beſtim-
mende Befriedigung, Höchſt-Denenſelben einigen verhältnißmäßigen Zuwachs an
Land und Leuten verſchaffet, und die überdieß in baarem Gelde zu leiſtende Zah-
lungen, nebſt der Ausantwortung der Ihnen zukommenden Mobilien, völlig ſicher
geſtellet und gewähret werden: Wogegen Ihro ChurFürſtl. Durchl. zu Sachſen,
in dem Fall, wenn die Abſicht, durch ein gütliches Abkommen die Unterbrechung
des öffentlichen Ruheſtandes abzuwenden nicht erreichet wird, auch deßfalls, ſowol
in Anſehung der Gegenſtände Ihrer Anſprüche, als der Art der Befriedigung,
auf dem, was Ihnen den Rechten nach gebüret, unabwendig beharren und bey-
des, nach erfolgter Ordnungsmäßiger Eröfnung und Durchgehung des gemeinſa-
men Archivs und vollſtändiger Erlangung der erforderlichen Nachrichten ſich nä-er
ergeben wird; auch auf alle Fälle, wenn ſich unter dem Nachlaß eigentliche Wei-
berlehne finden ſolten, ſolche zu den Erblehnen und Erbgütern mit gehören würden.

Unter Vorausſezung dieſes, zwiſchen denen, unter den Baieriſchen Nachlaß
befindlichen unbeweglichen Gütern, auf welche ſich die Chur-Sächſiſche Allodial-
Anſprüche erſtrecken, vorhandenen und deutlich beſtimmten Unterſchieds, werden
die in dem Pfalzgräflich- und Herzoglich-Zweybrückiſchen Pro Memoria dagegen
gemachte Zweifel und Einwendungen, theils von ſelbſt hinwegfallen, theils ſich
leicht beantworten und aus dem Wege räumen laßen. Denn da iſt, um der darinnen erwählten Ordnung auf das genaueſte zu folgen,

ad a.) ſofort zu überſehen, daß die Rechte des von dem erſten Erwerber
vorhandenen Manns-Stamms, äußerſten Falls an und für ſich ſelbſt ſich niemals auf etwas mehreres erſtrecken können, als auf das, was von gemeinſchaftlichen Stamm-Vätern würcklich herrühret, derjenigen Ausnahme vor-
jezo nicht zu gedenken, welche ſelbſt in Anſehung der von gemeinſchaftlichen
Stamm-Vätern herrührenden unbeweglichen Gütern, aus ſogenannten Tod-
Theilungen und andern, die gemeinſchaftlichen Rechte aufhebenden Vorgängen erwachſen: auch

ad b.) die angezogene Obſervanz des Pfalz Baieriſchen Hauſes, die ſelbſt in
Anſehung der von gemeinſchaftlichen Stamm-Vätern herrührenden unbeweglichen
Güter ſchwer zu erweiſen, und durch entgegenſtehende Vorgänge zu widerlegen
ſeyn dürfte, wenigſtens auf ſolche Güter, die nicht von gemeinſchaftlichen
Stamm-Vätern herkommen oder erworben ſind, nicht gehen könne.

So wie

ad c.) die von Baierischen Prinzeßinnen bey Vermählungen geleistete Verzichte auf alle Fälle, den Rechten nach weiter als auf Sicherstellung der Rechte
des von einem gemeinschaftlichen StammVater herkommenden Manns-Stammes,
in Ansehung der von gemeinschaftlichen StammEltern herrührenden Güter, erstrecket und verstanden werden können, niemals aber Seiten Verwandten ein
Recht auf Güter verschaffen, die nicht von gemeinsamen StammEltern herrühren,
sondern von andern Seiten Verwandten neuerworben sind.

Ob nun wohl

ad d.) daß mit dem leztverstorbenen ChurFürsten von Baiern Maximilian
Joseph, in seinem Manns-Stamm abgegangene Baierische Haus, mit dem Pfälzischen Hause, gemeinschaftlich von Otten von Wittelsbach abstammet, so ist doch
der lezte gemeinschaftliche StammVater beyder Häuser, der am 31. Jan. 1294.
verstorbene Ludovicus Severus, Herzog in Baiern und Pfalzgraf am Rhein,
Vater Rudolphi I. Pfalzgrafens am Rhein und Kaisers Ludovici Bavari, und
es würde mithin eine auf die gemeinsame Abstammung zu gründende Succeßion,
wenn sie auch dermalen in ihrem ganzen Umfang Statt finden könnte, sich dennoch
niemals weiter erstrecken, als auf die von Ludovico Severo und den Vordern gemeinschaftlichen StammVätern herrührende StammGüter, in so ferne nicht auch
deshalb durch Todtheilungen, oder andere, die GemeinschaftsRechte aufhebende
Vorgänge, eine Veränderung vorgegangen, niemals aber würde solche die, von
Kaiser Ludovico Bavaro und sonderlich von seinen Nachkommen neu erworbene
Güter in sich fassen.

Immaasen

ad e.) und f.) irgend einige ältere StammVerträge, der Häußer Baiern
und Pfalz, wodurch die Succeßion beyder Häußer gegen einander, auf die, von
gemeinsamen StammVätern nicht herrührende, sondern nach deren Abtheilung von
jedem Haußer neuerworbene Güter erstrecket worden wäre, nicht nur allhier nicht
bekannt, sondern auch erweißlich nicht vorhanden sind.

Zuförderst ergiebet sich

ad g.) in Ansehung des Pavianischen Vertrags vom Jahr 1329. aus deßen
wortlichen Innhalt, daß derselbe nur von der Theilungs- und Erbfolge derer,
von denen allerseits zu der Ober-Baierischen Linie gehörigen Pacicenten, damals besessenen altväterlichen Länder, oder wie der Buchstabe lautet „derjenigen,
„so beider Theile Vordern gehabt und uf sie bracht haben, auch wie solche von ihnen
„herkommen sind" redet und handelt, hingegen auf künftige Erwerbungen, von
denen nicht ein Wort darinn befindlich ist, so wenig gehet, daß nicht einmal

der-

derjenigen Besitzungen, so beyde Theile damals inne: aber nicht von ihren Vorfahren ererbet hatten, gedacht wird.

Man will vorietzo auf die Gründe, welche überhaupt dem Pfälzischen Hauße, in Ansehung der Nichterfüllung und Uebertretung dieses Vertrags entgegen
stehen, und durch welche insonderheit auch nach deßen eigenen Beyspielen behauptet werden kann, daß die darinnen gebrauchte Benennung von Kindern und
Erben, und die solchen bedungene Succeßion, nach Beschaffenheit der Gegenstän-
de, mithin zwar bey Altväterlichen Mannlehnen, keinesweges aber bey Altväterlichen Erbgütern, mit Ausschluß der Weiblichen Nachkommen zu verstehen sey,
mit ausdrücklichem Vorbehalt deren etwan nöthigen künftigen Gebrauchs nicht
tiefer eingehen: Allemal aber und in allen Fällen ist und bleibt so viel ausgemacht, daß der Pavianische Vertrag, weiter als auf Altväterliche von der Paciscenten gemeinsamen Stamm-Vätern gehabte und auf sie gebrachte Güter nicht
gehn noch erstreckt werden möge.

Was hiernächst

ad h.) die nachgefolgten Haus-Verträge, unter denen sich besonders, die
von den Jahren 1392. 1524. 1559. 1724. 1766. 1771. und 1774. auszeich-
nen sollen, anbelanget, da sind vor allen Dingen, diejenigen, bey welchen Vorfahren, durch welche die Ihro Churfürstl. Durchl. zu Sachsen abgetretene Allodial-Rechte Dero Frauen Mutter Königl. Hoheit auf dieselbe gebracht worden,
concurriret haben, von denen wohl zu unterscheiden, bey welchen weder dergleichen Vorfahren, noch Sie Selbst im mindesten concurriret haben, und die also an sich in Ansehung Höchst Deroselben ganz keine Verbindlichkeit hervorbringen mögen.

Vom Jahr 1392. finden sich zwar, so wie vorher von den Jahren 1349.
und 1353. zwischen Kaiser Ludovici Bavari Kindern und Enckeln unter sich getroffene Theilungen und Erbfolgs-Verträge, jedoch nicht die mindeste Spur,
daß selbige zum Besten ihrer nicht mit pacisirenden, auch sonst ihnen wenig
Freundschaft erzeigenden Pfälzischen Agnaten und zum Nachtheil ihrer eigenen
weiblichen Erben hätten disponiren wollen, oder würcklich disponiret haben sollen.

Die angeblich mit dem Hauße Pfalz 1524. errichtete Hauß-Union ist zwar
nicht vollständig, doch so viel davon bekannt, daß es eine bloße Erb-Einigung
oder Pactum mutuæ defensionis, nicht aber Succeßionis gewesen: und es könnte
auf alle Fälle, die darinnen etwa befindliche Beziehung auf die Theilungs-Ver-
träge von 1329. und 1392. ein mehreres nicht bewürcken, als deren eigener vor-
erwähnter Innhalt vermag. Im Jahr 1559. ist am 12. Aug. zwischen Herzog Alberto V. von Baiern und Chur-Fürst Friderico III. zu Pfalz, unter

Ver-

Vermittelung Herzogs Christophs von Würtenberg, wegen verschiedener Forderungen ein Vertrag geschloßen, und vom Kaiser Ferdinando I. bestätiget, hingegen der Erb-Einigungs-Sache halber zwar ein Concept gestellet und davon beyden Theilen Copiæ behändiget, solche aber nicht zu Stande gebracht und noch weniger ein Pactum successorium errichtet worden.

In dem einseitigen Vertrag von 1766. wird ausdrücklich eingestanden, daß in den Jahren 1553. — 1563. dieserhalb Unterhandlungen gepflogen, aber unterbrochen worden und solchergestalt zu keinem verbindlichen Abschluß gekommen, und in den neuern Verträgen von 1724. und $\frac{22.\ December\ 1746.}{16.\ Januar.\ 1747.}$ würde außerdem von der Erbfolge, nicht blos „daß deshalb zwischen beiden, von einem gemein-„samen Stamm-Vater herkommenden Häusern durch die Rechte allbereits „vorgesehen sey," gesaget, sondern sich vielmehr auf vorhandene ältere Hauß-Successions-Verträge bezogen, noch weniger in dem Tractat von 1761. sich ebenfals nur auf die gemeinsame Abstammung gegründet, und selbst in Ansehung der Unions- und Alliance-Tractaten, allererst die Aufsuchung und Mittheilung der alten und neuern dergleichen Verträge und die Errichtung eines neuen Pacti generalis bedungen und vorbehalten worden seyn.

Die nachher in den Jahren 1766. 1771. und 1774. in Geheim errichtete, und allererst nach Ableben des letztverstorbenen Churfürsten Maximilian Josephs zu Baiern zum Vorschein gekommene Verträge können in Ansehung der Ihro Churfürstl. Durchl. zu Sachsen, von Dero Frauen Mutter Königl. Hoheit abgetretenen Allodial-Gerechtsame, vorhin bemerktermaasen, einige rechtliche Würckung um so weniger hervorbringen, da der letztverstorbene Churfürst nicht vermögend gewesen, über die nicht von ihm herrührende Rechte seiner Collateral-Erben, ohne deren Einwilligung mit Bestand Rechtens zu disponiren und zu deren Nachtheile durch neuerliche Erb-Verbindungen und constituta Possessoria ihnen etwas zu entziehen und dem Hause Pfalz zuzueignen. Er hat aber auch in der That solches thun zu können nicht geglaubet, sondern nur in §. 3. des Tractats von 1771. sich, so weit es immer in seinen Kräften stehe, anheischig gemacht, diesen Gegenstand unter Chur-Pfälzischer Beystimmung und Mitwürckung mit seinen Allodial-Erben zu schlichten und §. 10. sich mit Chur-Pfalz dahin vereiniget, in Entstehung männlicher Leibes-Erben, mit denenjenigen Erb-Prinzeßinnen, welche in den Platz der nächstgesippten Allodial-Erben eintreten, die ganze Sache durch einen sonderbaren Tractat in allerseitige Einverständniß zu bringen, wozu ein Theil dem andern auf alle Art und Weiß verhülflich seyn solle und wolle; Dieses aber ist nicht geschehen, auch nicht einmal ein Antrag darzu gemacht, noch Pfälzischer Seits darzu beygewürcket, mithin in Rücksicht auf letztgedachte Allodial-Erben überall nichts verbindliches geschloßen worden.

Solcher-

Solchergestalt nun können
ad i. k. l. et m.) die Rechtsbegründete Ansprüche Jhro Churfürstl. Durchl.
zu Sachsen auf die unter dem Baierischen Nachlaß befindliche Erblehne und Erbgüter, durch die angezogene sogenannte Stamm- und Haus-Verträge nicht abgelehnet werden, und eben so wenig ist dasjenige, was in andern Fällen in Ansehung der Stammgüter, die Rechte und Gewohnheiten etwan mit sich bringen,
auf sothane Ansprüche durchgehends anzuwenden, am wenigsten aber auf solche
Erbgüter zu erstrecken, die nicht von gemeinsamen Stamm-Vätern herrühren,
sondern nach der Vertheilung in abgesonderte Häuser, von dem einen, es sey
nun in Ansehung der Landeshoheit und des Eigenthums zugleich, oder blos in
Ansehung des Eigenthums, neuerworben worden. Man hat dahero nicht nöthig

ad n.) In den Unterscheid, was bey den Vorgängen nach Absterben Georg
des Reichen, blos eine Acte de Politique gewesen, und was in via Iuris geschehen, vor der Hand einzugehen, und das Hauß Pfalz wird wenigstens die Titul,
bey andern nicht für ganz ungegründet und unbillig halten können, aus welchen
es selbst Land und Leute erlanget hat und zu besitzen fortfähret. Daß

ad o.) Herzog Albrecht der V. in seiner im Jahr 1578. errichteten fideicommissarischen Disposition, nicht zum Vortheil der Pfälzischen Collateralen, seine
eigene Nachkommenschaft zurückgesetzet habe, beweisen selbst die daraus in dem
Pfalz-Zweybrückischen Pro Memoria angezogene Worte: „bey Unserer ganzen
„Posterität, so lange Unser Stamm und Namen absteigender Linie in esse
„seyn wird" und es sind überdies darinn des Disponenten Söhnen und deren männlichen Nachkommen auf den Fall, da solche ohne männliche Erben verstürben,
seine und ihre Töchter und deren Leibes Erben ausdrücklich dergestalt substituiret,
daß sie „alle Lande und Leute, Grafschaften, Herrschaften, und andere liegen-
„de Güter, deren die Weibes Erben von Rechts- und Gewohnheitswegen fähig
„seyn" samt aller fahrenden Habe erben sollen.

Die förmliche Accessions-Acte durch welche des Herrn Pfalzgrafen und
Herzogs von Zweybrücken Durchl. unterm 8ten Merz 1778. dem Tractat vom
1771. beygetreten, ist dißeits nicht bekannt, unterdeßen hat unstreitig dadurch
nach Absterben Jhro Churfürstl. Durchl. zu Baiern, ein mehreres Recht nicht
erlanget werden mögen, als Dieselben bey Ihrem Leben auf andere zu transfe-
riren vermocht, vielmehr ist durch die Accession zu dem Tractat von 1771. auch
die obangezogene, in deßen 3ten und 10ten Spho deutlich enthaltene Voraussse-
zung, daß in Entstehung männlicher Erben, die nächstgesippte Erb-Prinzeßin
Allodial-Erbin sey, und die Sache mit selbiger geschlichtet, und durch besondere
Tractaten in allerseitiges Einverständniß gebracht werden müße, anerkannt worden.

Ad II.

Ad II.

Iſt kundbaren gemeinen Rechtens, daß auch bey denen in Mannlehnen beſtehenden unbeweglichen Gütern, die vorhandene Verbeſſerungen, nebſt den Nutzungen des letzten Jahres, zum Erbe, und den Allodial-Erben gehören, und wenn eine Abweichung oder Ausnahme von dieſer rechtlichen Vorſchrift vorge-ſchützet werden will, muß ſolche von dem, der ſie zu ſeinem Vortheile anziehet, aus beſonderen Geſetzen und verbindlichen Verträgen, oder ſonſt auf zu Recht beſtändige Art erwieſen werden.

In Anſehung der Nutzungen des letzten Jahres, wird in Betracht des mit Ende des Jahres erfolgten Ablebens Jhro Churfürſtl. Durchl. zu Baiern, nicht mehr verlanget, als was mit Ende des Jahres würcklich vorhanden, oder ob es gleich noch ausgeſtanden, dennoch ganz oder pro rata Temporis verfallen gewe-ſen, welches in Entſtehung eines in Bauſch und Bogen zu treffenden gütlichen Abkommens, nebſt dem zu Erzielung der künftigen Nutzungen zur Zeit des Ab-ſterbens bereits gemachten Aufwand, durch Ordnungsmäßige Inventaria und be-hörige Rechnungs-Ablegung ad Liquidum zu bringen iſt, auch immittelſt die Verabfolgung deßen, ſo in Liquido beruhet oder von Zeit zu Zeit ad Liquidum gebracht wird, unter dem Vorwand des Illiquidi nicht verweigert oder aufgehoben werden mag.

Gleiche rechtliche Bewandniß hat es mit den Verbeßerungen, zu denen, nach gemeinen Rechten, ſelbſt die auf Mann-Lehns-Grund und Boden errichtete Gebäude dergeſtalt gehören, daß der nachfolgende Lehns-Beſitzer, wenn er ſolche behalten will, ſie nach dem durch gebürende Würderung zu beſtimmenden Werth bezahlen muß.

So geneigt Jhro Chur-Fürſtl. Durchl. zu Sachſen auch hierunter zu Tref-fung eines gütlichen Abkommens Sich werden finden laßen, ſo wenig haben Sie dabey, und noch weniger in deßen Entſtehung, auf unerwieſene Gewohn-heiten, oder willkührliche Behauptungen von der, bey der Succeßion in Für-ſtenthümer nicht ſtatt findenden Anwendung der gemeinen Rechte, auch ver-meintlicher Compenſation der Verſchlimmerungen und Verbeßerungen einzuge-hen nöthig.

Das in dem Hauße Baiern auf Herzogs Alberti V. Diſpoſition beruhen-de Recht der Erſtgeburt und Fideicommiß, iſt für deßen Poſterität in abſteigen-der Linie errichtet, und giebt ſo wenig, als die gleichmäſige Diſpoſitionen Her-zogs Wilhelmi V. und Chur Fürſt Maximiliani I. den Agnaten des Pfälziſchen Hauſes, irgend einiges Recht gegen der Diſponenten eigene weibliche Nachkom-menſchaft; Und mit dem angezogenen Haus-Vertrag von 1559. hat es die bereits
berührte

berührte Bewandniße, daß darzu zwar ein Concept gefertiget und den Inter-
eßenten mitgetheilet, jedoch nie vollzogen worden.

Gleichwie letzteres selbst aus dem neuern Vertrage von 1766. sich ergiebet:
Also kann mit Zuverläßigkeit behauptet werden, daß ein Hauß=Vertrag
von 1559. welcher die Nachkommenschaft Herzogs Albrechts des Vten in eine
Verbindlichkeit gegen das Hauß Pfalz gesetzet hätte, nicht existiret, hingegen
der Vertrag von 1771. auf welchen sich hierunter weiter berufen werden
will, wie ebenfals schon bemercket worden, diejenigen, welche weder Compaciscenten gewesen, noch ihre Rechte von den Compaciscenten dergestalt überkom-
men, daß sie dadurch deren Facta zu prästiren verbunden würden, ganz keine
rechtliche Würckung und Verbindlichkeit hervorbringen mag. Aus gleichem
Grunde fället

Ad III.

Alles, was den auf die fahrende Haabe, und alles, was den Rechten nach
darzu gehöret, gerichteten, bestgegründeten Ansprüchen, aus dem nicht existiren-
den vermeintlichen Vertrag von 1559. und dem gegen Jhro Churfürstl. Durchl.
zu Sachsen unverbindlichen neuern Vertrage von 1771. entgegen gesetzet werden
will, von selbst hinweg, und wie das Haus Pfalz seine Succeßion aus dem,
von Albrecht dem Vten in Baiern für seine Posterität in absteigender Linie errichteten, auch von Wilhelm dem Vten und Maximilian den Isten bestätigtem und
erweitertem Fideicommiß nicht herleiten, noch darauf gründen kann, also können
auch von demselben diese fideicommissarischen Dispositionen, wider die Worte und
dem Willen der Disponenten, gegen deren eigene Posterität nicht gebrauchet, noch
die den Disponenten und ihren Nachkommen eigenthümlich zugehörig gewesene
Mobilien, unter dem ohnehin auf keinem rechtlichen Grund beruhenden Einwand,
daß sie ad Apparatum Ducalem gehören, deren Posterität entzogen werden; so
wie überhaupt, in Entstehung gütlichen Vergleichs, nicht willkürliche Behauptungen ein oder anderer Staats=Rechts=Lehrer, von einem sogenannten Allodio
publico oder Staats=Eigenthum, sondern Gesetze und Verträge den Ausschlag
geben müßen, und demjenigen der hierunter eine Ausnahme von der Vorschrift
der gemeinen Rechte vorschützet, der Beweis oblieget.

Was endlich

Ad IV.

die ausstehende Schulden anbelanget, da wird es allerdings, wenn nicht ein
gütliches Abkommen in Bausch und Bogen zu Stande gebracht werden kann,
C   auf

auf liquibation und Berechnung, so wie in Ansehung der dagegen in Ansatz zu bringen vermeinten Passivorum, wegen deren ältere Verträge und Verordnungen nicht vorhanden sind, die neuern aber mehrgedachter maasen gegen Jhro Churfürstl. Durchl. zu Sachsen keine rechtliche Würckung haben können, auf Untersuchung ihrer Qualität und Quantität, und Absonderung der eigentlichen Landes- und der Lehns-Schulden, von denen, welche dem Allodio zur Last fallen, ankommen.

Eine ganz besondere Bewandniß aber behält es allemal mit dem Recht der Allodial-Erben auf die Ober-Pfaltz, die vermöge des Westphälischen Friedens-Schlußes

I. P. Osnabr. Art. IV. §. 9.

I. P. Monast. §. 17.

und der in Verfolg desselben darauf erlangten Mitbelehnschaft an das Haus Pfaltz zurückfallen soll, jedoch dergestalt, ut heredibus allodialibus Electoris Bavariæ, actiones et beneficia, quæ ipsis ibidem de iure competunt, reservata maneant.

Hierdurch ist nun ausdrücklich anerkannt und festgestellet worden, daß es Actiones und Beneficia giebt, die in Ansehung der Ober-Pfaltz denen Baierischen Allodial-Erben de jure zustehen, und wenn bey Abgang des Wilhelminisch-Baierischen Manns-Stammes die Ober-Pfaltz an die Rudolphinisch-Pfältzische Linie gelanget, besagten Allodial-Erben verbleiben.

Unter denen Beneficiis kann allen Umständen nach nichts anders verstanden werden, als das Ius retentionis, womit sich mehrerwähnte Erben gegen des Lehns-Folgers Vindications-Anspruch, bis zu erfolgter Befriedigung, zu schützen befugt sind.

Den Gegenstand der Actionum aber geben nach der in Instr. Pac. Osn. Art. IV. §. 4. selbst darzu liegenden klaren Veranlaßung, vorzüglich die XIII. Millionen Gulden ab, wofür Churfürst Maximilianus I. zu Baiern die Ober-Pfaltz erkauft hat.

Die Entsagung des Debiti der XIII. Millionen und des dieserhalb vorhin auf Ober-Oesterreich gehabten Anspruchs, ist nach angezogenem §. 4. Art. IV. P. O. zwar totaliter aber nicht schlechterdings oder umsonst, sondern nach dem Zusammenhang der Sache und dem Sinn des Wortes: Vicissim, gegen Ueberlaßung der dafür erkauften Ober-Pfaltz geschehen, und es kann diesemnach sowohl, als in Mit-Rücksicht obbemerckten, sub finem §. 9. ejusd. Art. IV. verbis:

bis: Ita tamen &c. angefügten ausdrücklichen Vorbehalt, kein Zweifel gegen den ohnehin in Recht und Billigkeit gegründeten Satz verbleiben, daß die Zurück- gebung der erkauften Sache, die Wiedererstattung des Kauf-Preises mit sich bringe, und nicht Res et pretium zugleich verloren gehen müße. Derjenige der für eine hypothecarische Schuld ein Gut erkauft und gegen deßen Ueberlaßung der Schuld und vorher deshalb gehabten Hypothec, totaliter entsaget, bleibet nichts destominder berechtiget die Gewähr des erkauften Guts, und wenn er sol- ches wieder abtreten soll, die Erstattung des Kaufgeldes zu fordern, und so ge- wiß nach dem Zusammenhang der Westphälischen Friedenshandlungen, die, den Wilhelminisch-Baierischen Allodial-Erben, bey dem Rückfall der Ober-Pfalz vorbehaltene Actiones sich auf das dafür bezahlte Kaufgeld erstrecken, so wenig kann von denen ihnen zugleich bedungenen Beneficiis das Ius retentionis ausge- schloßen werden.

Ohne die, wegen Liberation der Ober-Pfalz von darauf gehafteten Schul- den, wegen darinn vorgenommener Meliorationen und wegen neuerer Acquisitio- nen denen Allodial-Erben zustehenden gegründeten Forderungen, von den Umfang der ihnen vorbehaltenen Actionum et Beneficiorum auszuschließen, bleibet allemal das Kaufgeld der XIII. Millionen der Haupt-Gegenstand derselben.

Man hat hierbey nicht nöthig, in dasjenige sich einzulaßen, was in dem Pfalz-Zweybrückischen Pro Memoria, von den alten Rechten der Rudolphinisch- Pfälzischen Linien, eingetretenem Succeßions-Recht der Neuburgischen, und so fort ordine succeßivo der folgenden Pfälzischen Linien, welche dasjenige, was zu Uebertragung der Chur-Würde und der Ober-Pfalz von der Pfalz Simme- rischen auf die Baierisch-Wilhelminische Linie Anlaß gegeben, gar nichts angehe, umständlich angeführet werden wollen. Gegenwärtig kann keine Pfälzische Linie anders zu dem Besitz der Ober-Pfalz gelangen, als vermöge des Westphälischen Friedens und der darinnen stipulirten Investituræ simultaneæ, folglich auch un- ter dem in diesem Friedensschluß denen Allodial-Erben der Wilhelminisch-Baier- schen Linien bedungenen Vorbehalt der Actionum et beneficiorum juris.

So wie übrigens in dem Friedensschluß der Schuld der XIII. Millionen und dem vorhin an Ober-Oesterreich gehabten Anspruch zwar totaliter, aber nicht umsonst, sondern viciſſim, gegen Ueberlaßung der Ober-Pfalz renunciiret wor- den, also hat man Baierischer Seits unterm 30. Augusti 1653. zwar die wegen der Schuld und der Prätension an Ober-Oesterreich gehabte Instrumenta und Obligationes, mit Wiederholung jener Renunciation, zum caſſiren und annul- liren ausgehändiget, nicht aber den über die Ober-Pfalz am 22sten February

1628

1628. aufgerichteten Kauf-Receſſ und darauf erfolgten Kaufbrief, als welche Documente man vielmehr, um den Titul und Kauf daraus erweiſen zu können, mit ausdrücklicher Beziehung auf die Iura und Actiones, davon in dem Inſtr. Pac. Art. IV. §. Quodſi vero &c. Vers: Ita tamen &c. Fürſetzung geſchehen, zurückbehalten.

Jhro Churfürſtl. Durchl. zu Sachſen ſind vermöge der Jhnen abgetretenen Allodial-Rechte, ohne auf perſonal-Exceptiones einzugehen, Sich an die, von dem Churfürſt Maximilian I. für XIII. Millionen erkaufte Ober-Pfalz realiter zu halten und das Ius retentionis contra quemcunque ſo lange bis Sie deßhalb befriediget worden, auszuüben vollkommen befugt: Unterdeßen werden Sie auch hierunter, ſo wie Dero geſamten Allodial-Anſprüche halber, einem billigmäſigen gütlichen Abkommen gerne die Hände bieten, und ſo wenig Sie darüber anjetzo mit Jhro des Herrn Pfalzgrafen und Hertzogs zu Zweybrücken Durchl. zunächſt etwas zu verabhandeln haben, ſo ſehr wird es Jhnen gleichwohl zu einem ganz vorzüglichen und ausnehmenden Vergnügen gereichen, wenn durch eine in der Haupt-Sache mit Jhro Hochfürſtl. Durchl. Beytritt baldigſt erfolgende gütliche Auskunft, allen auch künftig entſtehen könnenden Diſcußionen in Zeiten und vollſtändigſt vorgebeuget wird.

E.

Extract einer neuerlichen Pfälzischen Verzichts-Formel.

ꝛc.

Bey derley Ereignus dann die aus uralt- und vielfältig erneuerten Grund-Satz- und Ordnungen des geſamten Chur- und Fürſtlichen Hauß Pfalz, immer und allezeit unverbrüchlich geübte Gewohnheit erforderet, daß das Fürſt-Frauliche Geſchlecht auf alle und jede Erbfolge und Succeſſions-Stücke, deren ſelbiges ſonſten fähig wäre, zum Beſten, und für den darzu allein vorgehenden Mann-Stamm, welcher aus beyderſeitigen Ehe-Banden Fürſtlich- oder Fürſtenmäſiger Geburth abkommt, endlichen Verzicht thue, derowegen Wir nehmliche Gebühr zu leiſten ꝛc. deſto bedachtſamer und williger Uns verbinden und entſchließen ꝛc.

Wie nun die von Unserer Fürst Vätterlich = dann Mütterlicher Seiten rüh=
rende Zuständnüße zerschiedener Gattung und Wesenheit seynd, deren Erstere die=
jenige respective Chur = und Fürstlich Pfalz = und Pfalz=Zweybrückische Lands=
Theile, dann die Grafschaft Rappoltstein, auch sonstige Begütherungen, oder
andere Be= und unbewegliche Haabschafte begriffen, darzu, bey Mangel Männ=
licher Abstammung, die Frauliche geeignet und berechtiget ist; die andere Müt=
terlicher Seits herreichende Behörungen aber hauptsächlich dem Pfalz = Sulz=
bachischen Hauß allein gebührenden Besitz = und Erb ꝛc. cum annexis enthalten ꝛc.

Wobenebens bey der Grafschaft Rapppoltstein insonderheit die dort einge=
führte Successions=Ordnung in ohnverrücklichem Herkommen bestehet, und blei=
bet, vermög weßen, nach gänzlicher Auslöschung des Männlichen Stamms, sel=
bige Grafschaft auf des letzt lebenden nächste Erben weiblichen Geschlechts verer=
bet wird.

Hingegen bey der andern, die —'— Lande anlangend, begeben und remun=
ciren Wir in der Maaß und Weiß, wornach die auf das Recht der Erstgeburth
geordnete Reihe der Erbfolge für die Pfalz=Sulzbachische Fürst=Frauliche In=
teressentenschaft und dortherige Abkömmlinge dergestalt zu beobachten ist, daß,
zu Folg selbiger Primogenitur-Ordnung, wofern Ihro Chur=Fürstl. Durchl. zu
Pfalz ohne einig Eheliche Leibs=Erben versterben würden (welches die Göttliche
Güte abwenden wolle) darnach ꝛc. die dermalig ältere Prinzeßin aus gedachtem
Hauß Sulzbach; Nachhin hoch Dero Frauen Schwester ꝛc. Auf dieser etwa glei=
chen Sterbfall alsdenn ꝛc. der dritten Sulzbachischen Prinzeßin Gnaden erzielter
älterer Pfalz=Graf; Auf diesen der zweyte, dann Eines jeden künftig Fürst=
Eheliche Erben und Nachkommen in Ordnung der Geburth; Endlich wo dieser
Manns=Stamm erlöschen würde, (so der Allerhöchste verhüthen wolle) alsdann,
und nicht ehender, Wir und Unsere im künftigen Ehe=Bett erzeugende= und so
weitere Posteritaet beederley Geschlechts, doch vorzüglich des Mannlichen und in
stetem Gang der Erst=Geburths=Ordnung, zu succediren haben.

F.

Extract

der Codicillarischen Erklärung Churfürst Maximilian I.
vom Jahr 1650.

Wann sich auch nach dem Willen Gottes zuetragen wurde, welches doch sein Unendtliche Güete verhüeten wolle, das nit allain die von Uns, wie obengemelt, sondern auch die ganze von Unserm herzlieben Herrn Vattern, Weillendt Herzog Wilhelm in Bayern Christmildester gedechtnuß absteigende Männliche Lini abgehn, und darauf die Succession deren ingehabten und, hindterlassenen Churfürstenthumben und Landten auf ein andere Collateralem Lineam, deren es von Rechtswegen gebiert, khommen solle, ist Unser weiterer endtlicher Will und Mainung, das auf solchen ervolgten Abgang der ganzen Wilhelmischen Männlichen Lini nit allain obgemelte beede Herrschafften Mündtlhaim und Wisensteig, und dann sir andere von Uns erworbene, und khonfftig etwa noch erwerbende Güetter, welche in Unsern fürstenthumben und Landen und unter der Landtsfürstlichen Obrigkeit gelegen, und begriffen sein, der billiche Werth nach Unpartheyischer Schätzung sonder auch dieJenige Summa geldts der 12. Millionen, umb welche, vermög der zwischen Weilundt Kayser Ferdinandten dem Andern, Lobseeligisten angedenkhens, und Uns über die Obere Pfalz getroffenen Kaufshandlung und derwegen Aufgerichten Kauff- und Cessionsbrieffen, Uns gemelte Ober-Pfalz verkaufft, und derowegen solches gelt, als Unser frei, unafficirtes Aigenthumb und gut, auf den sahl, da besagte Obere Pfalz nach genzlichen abgang der Wilhelmischen Männlichen Lini auf die Pfalzgrafen, in crafft des obanaezogenen Vergleichs wider hinumbfallen sollte, den Weiblichen Erben von der Wilhelmischen Lini herkommend, herausgeben, und bezalt werden solle, khainesweegs auf obgedachte Collaterales Successores, sonder ainzig und allain, verderist auf die von Uns in absteigender Linea zur selbigen Zeit vorhandtne Eheliche Weibes Erben und Descendenten, sonsten aber, und im sahl deren khaine mer im Leben wären, alsdenn erst auf andere Weibliche Descendenten der Wilhelmischen Linie Erblich khommen, und in diesen jetzt verstandtenen beeden fählen, sowol als in den obigen in capita ausgethailt werden sollen. 2c.

━━━━━━━━━━

G.

G.

Churſächſiſche Verwahrungen gegen die Chur-Pfälziſcher
Seits fürgenommene unvollſtändige Inventur,
auch verweigerte Eröfnung des Münchner
Archivs.

1.

Extrait

des Depeches du Conſeiller d'Ambaſſades Unger, concernant
la Confeſtion de l'Inventaire de feu l'Electeur de
Bavière. A Munich le 22. Mars 1778.

&c. **M**r. le Comte de Seinsheim ouvrit cette Commiſſion par un diſcours
y analogue, & donna à connoitre que l'on commenceroit par
le Trèſor, en notant piéce par piéce & en faiſant eſtimer tout par des
jouailliers. Surquoi je donnai la Declaration ſuivante *ad Protocollum:*

„Daß, ob ich wohl als Churfürſtl. Sächſiſcher Bevollmächtiater bey
„Errichtung des Inventarii erſcheine, ich doch dadurch nichts zugegeben noch
„als rechtsbeſtändig anerkannt, vielmehr die Gerechtſame und Zuſtändigkeiten
„Sr. Churfürſtl. Durchl. zu Sachſen meines gnädigſten Herrn, ſowohl
„überhaupt als in Anſehung der einſeitig vorgenommenen Obſianation der
„Behältniße, ingleichen wider alles, was ſonſt durch einſeitige Vorkehrun-
„gen des hieſiaen Hofs hierinnen geſchehen ſey, oder noch geſchehen könnte,
„pleniſſime reſervirer, auch wider die Concurrenz ſolcher Erbintereſſenten ſo
„durch den D. Falg vertreten werden ſollten, unſerer Seits aber nicht agnoſciret
„werden könnten, nochmals proteſtiret haben wolle, ꝛc.

A

A Munich le 18. Juin 1778.

&c. J'ai exigé que l'on tienne une féance extraordinaire, qui a eu lieu effectivement le 15. d. c. & dans laquelle j'ai commencé par dicter au protocolle la proteftation fuivante:

„Endesunterzeichneter bey der Inventur des Nachlaßes weyl. Sr. Chur-
„fürftl. Durchl. zu Bayern Maximiliani Iofephi, gegenwärtiger Churfürftl.
„Sächfifcher Bevollmächtigter, hat zwar mehrmalen feinen mündlichen Antrag
„dahin gerichtet, daß alle und jede Mobiliar-Stücke nurerwähnten Nach-
„laßes gefchäßet und in dem Inventario angemercket werden follen. Nachdem
„aber fehr viele beträchtliche Mobilien, und zwar alle Tapeten, Spiegel, Sef-
„fel und mit einem Worte, alles zum Ammeublement gehörige, fowohl in
„dem hiefigen Refidenz-Schloße, als in denen Luftfchlößern zu Schleißheim und
„Nymphenburg: ferner die fowohl zur parade, als zum täglichen Gebrauch
„dienlichen, in dem Churfürftl. Hofftall befindliche Wagen, Pferde, und Ge-
„fchirre; ingleichen viele Original-Gemälde, welche fowohl in der Bilder-Gal-
„lerie zu Schleißheim, als auch zu München und Nymphenburg aufbehalten
„werden, nicht gefchäßet worden; fondern unter dem Vorwand, daß folche
„zum decoro aulico gehörten, von der Maffa allodiali fepariret werden wollen.

Als hat derfelbe wider diefe einfeitige, zum Nachtheil der Gerechtfame
Sr. Churfürftl. Durchl. feines gnädigften Herrn getroffene Verfügungen hierdurch förmlich proteftiren; als auch nochmals darauf beftehen wollen, daß alle
und jede Mobiliar-Stücke diefes Nachlaßes, folglich auch diejenigen, welche
unter oberwähntem Vorwand nicht gefchäßet worden, dem Inventario, als welches ohne einer dergleichen exacten Specification gänzlich unvollftändig feyn würde, beigefügt werden follen. 2c.

Pro Memoria.

Endesunterzeichneter Churfürstl. Sächßl. Legation-Rath und zur Inventur des Nachlaßes weyl. Sr. Churfürstl. Durchl. zu Bayern, Maximiliani Josephi, Höchstseeligen Andenkens, Bevollmächtigter, hat bereits bey einer, zu nurerwehnter Inventur verordneten Churfürstl. Commißion sich ausdrücklich dahin geäußert, wie es hauptsächlich nöthig sey, ein vollständiges Inventarium von dem geheimen Archiv, als in welchen diejenigen Acta et Documenta Communia aufbewahret werden, nach welchen die Beschaffenheit derer Allodialien sowohl als des Lehens, und deren Absonderung von letztern beurtheilet werden muß, des förderfamsten zu verfertigen. Nachdem aber nurerwähnte Commißion dieses Anbegehren, unter dem Vorwand von sich abgelehnet, daß solches nicht in ihr dermaliges Geschäfte einschlage, sondern höhern Orts angebracht werden müße.

Als siehet derselbe sich durch diese Verweigerung genöthiget in Ansehung dieser so wesentlich nothwendigen Inventur mehrbesagten geheimen Archivs, an ein hohes Ministerium sich geziemend zu verwenden, und um geneigte Entschließung hierüber, wie auch um dießfalls an mehrerwehnte Commißion zu ergehende gemessenste Verfügungen gehorsamst anzusuchen.

München den 18. Juuii 1778.

C. G. Unger.

3.

General-Proteſtation.

Demnach von einer, von Sr. Churfürstl. Durchl. zu Pfalz, zur Inventur des Nachlaßes weil. Sr. Churfürstl. Durchl. zu Bayern Maximiliani Josephi höchstseel. Andenkens, verordneten Commißion die Aufnahme des In-

D   ventarii

ventarii In Ansehung der Specification derer zu nurerwähnten Nachlaß gehörigen Mobilien und Effecten, dermalen vor vollendet geachtet werden will;
obwohl selbige bey einseitig bestimmter Weglaßung vieler beträchtlicher Mobi-
liar Stücke, keinesweges als vollständig anerkannt werden kann; Anbey auch
unter andern, die anfänglich bey obgedachter Churfürstlichen Commißion nachhero aber von einem Churfürstl. Pfälzischen hochpreißlichen Ministerio durch
ein eigenes Pro Memoria vom 18. Junii a. c. anverlangte gesetzmäßige Beschrei-
bung sämtlicher in den Chur-Bayerischen Archiven befindlicher Urkunden und
Schriften, so sich sowohl auf das Allodium, als auf das Lehn beziehen können, aus dießeits nicht zu ergründenden Ursachen, durch eine von Seiten nun-
erwehnten Ministerii unterm 1. Aug. a. c. erhaltene Note verweigert, dagegen
aber nur gewiße Briefschaften ad Inventarium zu bringen, sich erboten werden
will; Hierunter aber den offenbarsten Allodial-Gerechtsamen Sr. Churfürstl.
Durchl. zu Sachsen anderweit nachtheiliger Eintrag um somehr geschehen
würde, als Höchstdenenselben eine legale Kenntniß sämtlicher in den Bayerischen Archiven aufbewahrter Documente zu Erhaltung Ihrer Rechte gebühret, und selbige nicht anders, als vermittelst gesetzmäßiger gemeinschaftlicher
Obsignation und Inventirung derselben zuverläßig zu erlangen ist;

So findet Endesunterschriebener Churfürstlich Sächsischer Legations-Rath,
und zu oberwehnter Inventur Bevollmächtigter sich in der unumgänglichen
Nothwendigkeit, Sr. Churfürstl. Durchläucht zu Sachsen, als seinen höchsten
Committenten, nicht nur gegen solche so unerwartete als widerrechtliche Ver-
weigerungen, sondern auch gegen obangeregte einseitig beliebte Weglaßung mehrerer beträchtlichen Allodial-Stücke quaevis competentia hiermit plenissime zu
reservieren, ingleichen gegen alles nachtheilige, so durch einseitige Obsignation,
einseitige Resignationes, und sonst bisher in der Sache vorgenommen worden,
oder ferner vorgenommen werden möchte, feyerlichst zu protestieren, wie er
denn nicht minder seinen ad Protocollum der Inventur-Commißion mehrmal
gethanen Erklärungen und Protestationen allenthalben inhäriret, und überhaupt mehrerwehnter Commißion Unternehmungen nirgends, und um so weniger vor legal und vollständig anzuerkennen vermag, als bey der Inventur
sämmtliche zu weyl. Sr. Churfürstl. Durchl. zu Bayern Allodial-Verlaßen-
schaft insbesondere mit gehörige Mobiliar-Stücke an mobilibus, et sese moven-
tibus

tibus ohne einige Ausnahme den Rechten nach hätten aufgezeichnet werden
sollen: immaßen man sich Churfürstl. Sächßl. Seits an den Innhalt einiger, der ältern Bayerischen Fideicommissarischen Hauß-Verfaßung entgegen laufender, sogenannter neuern Hauß-Verträge zu halten, keineswegs verbunden erachtet. München den 3. Septbr. 1778.

C. G. Unger.